कश्मीर
और
हैदराबाद

कश्मीर और हैदराबाद

सरदार पटेल

संपादक

पी.एन. चोपड़ा • प्रभा चोपड़ा

प्रभात प्रकाशन

प्रकाशक • प्रभात प्रकाशन प्रा. लि.
4/19 आसफ अली रोड,
नई दिल्ली-110002

संस्करण • 2025
मूल्य • चार सौ रुपए
मुद्रक • जयलक्ष्मी प्रिंटिंग प्रेस, दिल्ली

KASHMIR AUR HYDERABAD

by Sardar Patel ₹ 400.00
Published by Prabhat Prakashan Pvt. Ltd., 4/19 Asaf Ali Road, New Delhi-2
e-mail: prabhatbooks@gmail.com ISBN 978-93-5266-015-5

अनुक्रम

प्रस्तावना

बहुत दिनों से यह आवश्यकता अनुभव हो रही थी कि कुछ ऐसे ग्रंथ सुलभ होने चाहिए, जिनमें सरदार पटेल से संबंधित महत्त्वपूर्ण और संवेदनशील मुद्दों पर विस्तारपूर्वक चर्चा की गई हो, जो उनके जीवन-काल में विवाद का विषय बने रहे तथा सन् 1950 में उनके निधन के पश्चात् भी विवादों में घिरे रहे। उदाहरण के लिए, यह अनुभव किया गया कि यदि सरदार पटेल को कश्मीर समस्या सुलझाने की अनुमति दी जाती, जैसा कि उन्होंने स्वयं भी अनुभव किया था, तो हैदराबाद की तरह यह समस्या भी सोद्देश्यपूर्ण ढंग से सुलझ जाती। एक बार सरदार पटेल ने स्वयं श्री एच.वी. कामत को बताया था कि "यदि जवाहरलाल नेहरू और गोपालस्वामी आयंगर कश्मीर मुद्दे पर हस्तक्षेप न करते और उसे गृह मंत्रालय से अलग न करते तो मैं हैदराबाद की तरह ही इस मुद्दे को भी आसानी से देश-हित में सुलझा लेता।"

हैदराबाद के मामले में भी जवाहरलाल नेहरू सैनिक काररवाई के पक्ष में नहीं थे। उन्होंने सरदार पटेल को यह परामर्श दिया—"इस प्रकार से मसले को सुलझाने में पूरा खतरा और अनिश्चितता है।" वे चाहते थे कि हैदराबाद में की जानेवाली सैनिक काररवाई को स्थगित कर दिया जाए। इससे राष्ट्रीय एवं अंतरराष्ट्रीय जटिलताएँ उत्पन्न हो सकती हैं। प्रख्यात कांग्रेसी नेता प्रो. एन.जी. रंगा की भी राय थी कि विलंब से की गई काररवाई के लिए नेहरू, मौलाना और माउंटबेटन जिम्मेदार हैं। रंगा लिखते हैं कि हैदराबाद के मामले में सरदार पटेल स्वयं अनुभव करते थे कि उन्होंने यदि जवाहरलाल नेहरू की सलाहें मान ली होतीं तो हैदराबाद मामला उलझ जाता; कमोबेश वैसी ही सलाहें मौलाना आजाद एवं लॉर्ड माउंटबेटन की भी थीं। सरदार पटेल हैदराबाद के भारत में शीघ्र विलय के पक्ष में थे, लेकिन जवाहरलाल

नेहरू इससे सहमत नहीं थे। लॉर्ड माउंटबेटन की कूटनीति भी ऐसी थी कि सरदार पटेल के विचार और प्रयासों को साकार रूप देने में विलंब हो गया।

सरदार पटेल के राजनीतिक विरोधियों ने उन्हें मुसलिम वर्ग के विरोधी के रूप में वर्णित किया; लेकिन वास्तव में सरदार पटेल हिंदू-मुसलिम एकता के लिए संघर्षरत रहे। इस धारणा की पुष्टि उनके विचारों एवं कार्यों से होती है। यहाँ तक कि गांधीजी ने भी स्पष्ट किया था कि "सरदार पटेल को मुसलिम-विरोधी बताना सत्य को झुठलाना है। यह बहुत बड़ी विडंबना है।" वस्तुतः स्वतंत्रता-प्राप्ति के तत्काल बाद अलीगढ़ मुसलिम विश्वविद्यालय में दिए गए उनके व्याख्यान में हिंदू-मुसलिम प्रश्न पर उनके विचारों की पुष्टि होती है।

इसी प्रकार, निहित स्वार्थ के वशीभूत होकर लोगों ने नेहरू और पटेल के बीच विवाद को बढ़ा-चढ़ाकर प्रचारित किया तथा जान-बूझकर पटेल व नेहरू के बीच परस्पर मान-सम्मान और स्नेह की उपेक्षा की। इन दोनों दिग्गज नेताओं के बीच एक-दूसरे के प्रति आदर और स्नेह के भाव उन पत्रों से झलकते हैं, जो उन्होंने गांधीजी की हत्या के बाद एक-दूसरे को लिखे थे। निस्संदेह, सरदार पटेल की कांग्रेस संगठन पर मजबूत पकड़ थी और नेहरूजी को वे आसानी से (वोटों से) पराजित कर सकते थे। लेकिन वे गांधीजी की इच्छा का सम्मान रखते हुए दूसरे नंबर पर रहकर संतुष्ट थे। उन्होंने राष्ट्र के कल्याण को सर्वोपरि स्थान दिया।

विदेश नीति के संबंध में सरदार पटेल के विचारों के बारे में लोगों को बहुत कम जानकारी है, जो उन्होंने मंत्रिमंडल की बैठकों में स्पष्ट रूप से व्यक्त किए थे तथा पं. नेहरू पर लगातार दबाव डाला कि राष्ट्रीय हित में ब्रिटिश राष्ट्रमंडल का सदस्य बनने से भारत को मदद मिलेगी। जबकि नेहरू पूर्ण स्वराज पर अड़े रहे, जिसका अर्थ था—राष्ट्रमंडल से किसी भी प्रकार का नाता न जोड़ना। किंतु फिर भी, सरदार पटेल के व्यावहारिक एवं दृढ़ विचार के कारण नेहरू राष्ट्रमंडल का सदस्य बनने के लिए प्रेरित हुए। तदनुसार समझौता किया गया, जिसके अंतर्गत भारत गणतंत्रात्मक सरकार अपनाने के बाद राष्ट्रमंडल का सदस्य रहा।

सरदार पटेल चीन के साथ मैत्री तथा 'हिंदी-चीनी भाई-भाई' के विचार से सहमत नहीं थे। इस विचार के कारण गुमराह होकर नेहरूजी यह मानने लगे थे कि यदि भारत तिब्बत मुद्दे पर पीछे हट जाता है तो चीन और भारत के बीच स्थायी मैत्री स्थापित हो जाएगी। विदेश मंत्रालय के तत्कालीन महासचिव श्री गिरिजाशंकर वाजपेयी भी सरदार पटेल के विचारों से सहमत थे। वे संयुक्त राष्ट्र संघ में चीन के दावे का समर्थन करने के पक्ष में भी नहीं थे। उन्होंने चीन की तिब्बत नीति पर एक

लंबा नोट लिखकर उसके दुष्परिणामों से नेहरू को आगाह किया था। सरदार पटेल को आशंका थी कि भारत की मार्क्सवादी पार्टी की देश से बाहर साम्यवादियों तक पहुँच होगी, खासतौर से चीन तक। अन्य साम्यवादी देशों से उन्हें हथियार एवं साहित्य आदि की आपूर्ति भी अवश्य होती होगी। वे चाहते थे कि सरकार द्वारा भारत के साम्यवादी दल तथा चीन के बारे में स्पष्ट नीति बनाई जाए।

इसी प्रकार, भारत की आर्थिक नीति के संबंध में सरदार पटेल के स्पष्ट विचार थे। मंत्रिमंडल की बैठकों में उन्होंने नेहरूजी के समक्ष अपने विचार बार-बार रखे; लेकिन किसी-न-किसी कारणवश उनके विचारों पर अमल नहीं किया गया। उदाहरण के लिए, उनका विचार था कि समुचित योजना तैयार करके उदारीकरण की नीति अपनाई जानी चाहिए। आज सोवियत संघ पर आधारित नेहरूवादी आर्थिक नीतियों के स्थान पर जोर-शोर से उदारीकरण की नीति ही अपनाई जा रही है।

खेद की बात है कि सरदार पटेल को सही रूप में नहीं समझा गया। उनके ऐसे राजनीतिक विरोधियों के हम शुक्रगुजार हैं, जिन्होंने निरंतर उनके विरुद्ध अभियान चलाया तथा तथ्यों को तोड़-मरोड़कर पेश किया, जिससे पटेल को अप्रत्यक्ष रूप से सम्मान मिला। समाजवादी विचारधारा के लोग नेहरू को अपना अग्रणी नेता मानते थे। उन्होंने पटेल की छवि पूँजीवाद के समर्थक के रूप में प्रस्तुत की। लेकिन सौभाग्यवश, सबसे पहले समाजवादियों ने ही यह महसूस किया था कि उन्होंने पटेल के बारे में गलत निर्णय लिया है।

प्रस्तुत पुस्तक में ऐसे महत्त्वपूर्ण तथा संवेदनशील मुद्दों पर विचार करने का प्रयास किया गया है, जो आज भी विवादग्रस्त हैं। तत्कालीन राष्ट्रपति डॉ. राजेंद्र प्रसाद ने मई 1959 में लिखा था—''सरदार पटेल की नेतृत्व-शक्ति तथा सुदृढ़ प्रशासन के कारण ही आज भारत की चर्चा हो रही है तथा विचार किया जा रहा है।'' आगे राजेंद्र प्रसाद ने यह जोड़ा—''अभी तक हम इस महान् व्यक्ति की उपेक्षा करते रहे हैं।'' उथल-पुथल की घड़ियों में भारत में होनेवाली गतिविधियों पर उनकी मजबूत पकड़ थी। यह 'पकड़' उनमें कैसे आई? यह प्रश्न पटेल की गाथा का एक हिस्सा है।

भारत के प्रथम प्रधानमंत्री के चुनाव के पच्चीस वर्ष बाद चक्रवर्ती राजगोपालाचारी ने लिखा—''निस्संदेह बेहतर होता, यदि नेहरू को विदेश मंत्री तथा सरदार पटेल को प्रधानमंत्री बनाया जाता। यदि पटेल कुछ दिन और जीवित रहते तो वे प्रधानमंत्री के पद पर अवश्य पहुँचते, जिसके लिए संभवतः वे योग्य पात्र थे। तब भारत में कश्मीर, तिब्बत, चीन और अन्यान्य विवादों की कोई समस्या नहीं रहती।''

लेकिन निराशाजनक स्थिति यह रही कि उनके निधन के बाद सत्तासीन राजनीतिज्ञों ने उनकी उपेक्षा की और उन्हें वह सम्मान नहीं दिया गया, जो एक राष्ट्र-निर्माता को दिया जाना चाहिए था। प्रस्तुत पुस्तक अपने विषय को लेकर सरदार पटेल के लौह व्यक्तित्व, उनके दृढ़ विचारों और राष्ट्र-निर्माण में उनके अभूतपूर्व योगदानों का लेखा-जोखा है।

और अंतत:, डॉ. प्रभा चोपड़ा ने विषय के संकलन और संपादन में मेरी बहुत सहायता की। मैं श्री एम.पी. चावला, लेखाधिकारी श्री अरुण कुमार यादव तथा श्री रवींद्र कुमार का आभारी हूँ, जिन्होंने तत्परतापूर्वक पांडुलिपि तैयार की।

—पी.एन. चोपड़ा

प्रलेखों का विवरण

भाग–1

कश्मीर

भूमिका

गृहमंत्री, सूचना एवं प्रसारण मंत्री तथा राज्यों संबंधी मामलों के मंत्री होने के नाते सरदार पटेल स्वाभाविक रूप से जम्मू व कश्मीर मामले भी देखते थे। किंतु बाद में जम्मू व कश्मीर संबंधी मामले प्रधानमंत्री स्वयं देखने लगे। जम्मू व कश्मीर के प्रमुख नेता शेख अब्दुल्ला से प्रधानमंत्री पं. नेहरू के भावनात्मक संबंध थे। हैदराबाद के संबंध में निजाम द्वारा भारत सरकार की अति उदार शर्तें मानने से इनकार करने के बाद सरदार पटेल के पास सैन्य काररवाई के अतिरिक्त अन्य कोई विकल्प शेष नहीं बचा था। हैदराबाद राज्य की जनता उत्तरदायी सरकार हेतु हैदराबाद के भारतीय संघ में विलय की माँग कर रही थी। इस राज्य की आंतरिक व बाह्य शक्तियों के भारत के हित के प्रतिकूल विचारों पर सरदार पटेल का पत्र-व्यवहार काफी प्रकाश डालता है।

जम्मू व कश्मीर एक सामरिक महत्त्व का राज्य था, जिसकी सीमाएँ कई देशों से जुड़ी हुई थीं और सरदार पटेल उत्सुक थे कि उसका भारत में विलय हो जाए। किंतु भारत के गवर्नर जनरल लॉर्ड माउंटबेटन के चर्चिल व टोरी पार्टी से काफी मित्रतापूर्ण संबंध थे। वे कश्मीर के पाकिस्तान के साथ मिलने के विरुद्ध नहीं थे। उनका यह आश्वासन अत्यंत ही रोचक है कि यदि कश्मीर पाकिस्तान के साथ विलय करना चाहे तो भारत कोई समस्या खड़ी नहीं करेगा। यद्यपि सरदार पटेल इस प्रकार के आश्वासन के विरुद्ध थे, किंतु युक्तियुक्त योजना के कारण वे उस समय कुछ न बोल सके। फिर भी वह कश्मीर का भारत में विलय चाहते थे। उन्होंने महाराजा हरि सिंह से कहा कि उनका हित भारत के साथ मिलने में है और इसी विषय पर उन्होंने जम्मू व कश्मीर के प्रधानमंत्री पं. रामचंद्र काक को 3 जुलाई, 1947 को एक पत्र

लिखा—"मैं कश्मीर की विशेष कठिनाइयों को समझता हूँ; किंतु इतिहास एवं पारंपरिक रीति-रिवाजों आदि को ध्यान में रखते हुए मेरे विचार से जम्मू व कश्मीर के भारत में विलय के अतिरिक्त कोई अन्य विकल्प ही नहीं है।" उन्होंने महाराजा के इस भय को दूर करना चाहा, जिस पर उन्होंने उसी दिन के अपने पत्र में चर्चा की थी—"पं. नेहरू कश्मीर के हैं। उन्हें इस पर गर्व है, वह आपके शत्रु कभी नहीं हो सकते।" उन्होंने और भी जोर देकर कहा कि राज्य का हितैषी होने के कारण मैं आपको आश्वस्त करता हूँ कि कश्मीर का हित अविलंब भारत में विलय तथा संविधान सभा में भाग लेने से ही है। उनके मस्तिष्क में यह साफ एवं स्पष्ट था कि कश्मीर समस्या अलग प्रकार की है। जम्मू में हिंदू बहुसंख्यक थे; कश्मीर घाटी में भी हिंदू काफी संख्या में थे; परंतु घाटी में अधिक संख्या मुसलमानों की थी तथा लद्दाख में बौद्ध बहुमत में थे। कश्मीर घाटी में मुसलिम बहुसंख्यक थे, किंतु वे वंश एवं भाषा के आधार पर पंजाब तथा शेष पाकिस्तान के मुसलिमों से भिन्न थे।

फिर भी महाराजा हरि सिंह लंबित रेडक्लिप अवार्ड के कारण असमंजस में थे, क्योंकि गुरदासपुर जिला, जिसकी पूरी सीमा कश्मीर राज्य तथा भावी भारतीय संघ से मिलती थी, पाकिस्तान में मिला लिया गया था और यदि इसे स्वीकार कर लिया गया तो इसका मतलब होगा हिमालय की ऊँची पहाड़ियों के अतिरिक्त जम्मू और कश्मीर तथा भारत की सीमाएँ कहीं भी परस्पर नहीं मिलेंगी।

इस बीच चतुर महाराजा परिस्थितियों से लाभ उठाने के उद्‍देश्य से यह भी सोच रहे थे कि अपनी रियासत को स्वतंत्र घोषित कर लें। उन्होंने लॉर्ड माउंटबेटन को अपने मंतव्य से परिचित कराना चाहा और उनके 26 सितंबर, 1947 के पत्र में दिए गए सुझाव को मानते हुए कहा कि कश्मीर की सीमाएँ सोवियत रूस व चीन से भी मिलती हैं और भारत तथा पाकिस्तान से भी, अत: उसे स्वतंत्र राज्य माना जाए। संभवत: यह दोनों देशों (भारत-पाकिस्तान) तथा अपने राज्य के हित में रहेगा—यदि उसे स्वतंत्र रहने दिया जाए। इस प्रकार वह अपना काम निकालने की प्रतीक्षा में थे।

यद्यपि जवाहरलाल नेहरू के पूर्वजों ने कई पीढ़ियों पहले ही कश्मीर छोड़ दिया था, फिर भी वे स्वयं को कश्मीरी मानते हुए उस राज्य तथा नेशनल कॉन्फ्रेंस के नेता शेख अब्दुल्ला से भावनात्मक संबंध रखते थे। अखिल भारतीय राज्य प्रजा परिषद् के अध्यक्ष होने के नाते जवाहरलाल नेहरू ने राज्य

में एक उत्तरदायी सरकार की माँग का समर्थन किया तथा शेख अब्दुल्ला को बंदी बनानेवाले महाराजा हरि सिंह की भर्त्सना की। उन्होंने जून 1946 में राज्य प्रजा परिषद् के आंदोलन को प्रोत्साहन देने के उद्देश्य से राज्य का दौरा करना चाहा, जिसका महाराजा ने निषेध कर दिया था।

पं. नेहरू ने निषेधाज्ञा का उल्लंघन करना चाहा, किंतु सरदार पटेल और कांग्रेस कार्यकारिणी समिति के अन्य सदस्य उस समय नियमोल्लंघन के पक्ष में नहीं थे। यहाँ तक कि कांग्रेस अध्यक्ष मौलाना आजाद ने भी नेहरू को ऐसा न करने का परामर्श दिया। सरदार पटेल ने अपने विचार स्पष्ट किए कि उन दोनों (गांधी व नेहरू) में से कोई भी वहाँ न जाए। किंतु पं. नेहरू के वहाँ जाने के उद्देश्य के पूरा न होने से कहीं मानसिक तनाव न बढ़े, इस कारण पटेल ने फिर उनमें से एक को ही जाने की राय दी। उन्होंने बहुत दक्षता से कहा, ''इन दो-दो हानिकर बुराइयों में से एक को चुनने के सवाल पर मैं सोचता हूँ कि गांधीजी के जाने से हानि कम होगी।''

11 जुलाई, 1946 को अपने पत्र में सरदार पटेल ने डी.पी. मिश्रा को लिखा—

> उन्होंने (नेहरू) हाल ही में ऐसी बहुत सी बातें कही हैं, जिनसे जटिल उलझनें पैदा हुई हैं। कश्मीर के संदर्भ में उनकी गतिविधियाँ, संविधान सभा में सिख चुनाव में हस्तक्षेप, अखिल भारतीय कांग्रेस कमेटी के अधिवेशन के तुरंत बाद प्रेस कॉन्फ्रेंस बुलाना—ये सभी कार्य भावनात्मक पागलपन के थे और इनसे हम सभी को इन मामलों को हल करने में बहुत ही तनावपूर्ण स्थिति का सामना करना पड़ा था। किंतु इन सभी निष्कलंक एवं अविवेकपूर्ण बातों को उनके स्वतंत्रता-प्राप्ति के आवेश का असामान्य उत्साह माना जा सकता है।

महाराजा हरि सिंह के साथ तनावपूर्ण संबंध होने के कारण पं. नेहरू को भारतीय संघ में विलय हेतु महाराजा के साथ बातचीत करने के लिए सरदार पटेल पर निर्भर रहना पड़ता था। इस बात पर वह बिलकुल असहाय से थे। 27 सितंबर, 1947 को पं. नेहरू ने सरदार पटेल को ध्यान दिलाया कि पंजाब के उत्तरी-पश्चिमी सीमाप्रांत के मुसलिम कश्मीर में घुसपैठ की तैयारियाँ कर रहे हैं। उनकी योजना अक्तूबर के अंत तक या नवंबर के आरंभ में युद्ध छेड़ने की है। वास्तव में तब हवाई मार्ग से किसी प्रकार का सहयोग

देना कठिन होगा। उन्होंने यह भी बताया कि उन्हें उस स्थिति में शेख अब्दुल्ला के नेतृत्ववाली नेशनल कॉन्फ्रेंस पर निर्भर रहना पड़ेगा। उन्होंने कश्मीर राज्य के भारत में शीघ्र विलय की आवश्यकता बताई, जिसके बिना शीतकाल शुरू होने से पूर्व भारत के लिए कुछ भी करना दुष्कर होगा। जवाहरलाल नेहरू ने सरदार पटेल को यह भी बताया कि उन्होंने कश्मीर के प्रधानमंत्री मेहर चंद महाजन को भी परिस्थिति से अवगत करा दिया है, किंतु अभी उनके मन की बात का पता नहीं चल सका है। उन्होंने सरदार पटेल से कहा कि "महाराजा व महाजन के लिए आपका परामर्श स्वाभाविक रूप से अधिक प्रभावी रहेगा।"

एक कुशल राजनीतिज्ञ होने के नाते सरदार पटेल ने महाराजा हरि सिंह के साथ अच्छे संबंध बनाए थे और उन्हीं की सलाह से महाराजा ने महाजन को—जो उस समय पंजाब उच्च न्यायालय के एक न्यायाधीश थे—रामचंद्र काक की जगह प्रधानमंत्री नियुक्त किया था।

इस बीच पाकिस्तानी सेना के नेतृत्व में कबायलियों द्वारा बड़ी संख्या में घुसपैठ के कारण कश्मीर की स्थिति ने नाटकीय मोड़ ले लिया था। महाराजा ने राजनीतिक बंदियों—शेख अब्दुल्ला एवं अन्य को—मुक्त कर दिया था। शेख अब्दुल्ला ने अपनी ओर से महाराजा के प्रति पूरी निष्ठा एवं सहयोग का वचन दिया।

पठानकोट के भारतीय संघ में विलय से रेडक्लिफ अवार्ड के अनुसार जम्मू व कश्मीर राज्य का भारत से सीधा संपर्क हो गया। सरदार पटेल महाराजा हरि सिंह व प्रधानमंत्री महाजन को मनाने में सफल रहे कि इन परिस्थितियों में उनके पास भारतीय संघ में विलय के अतिरिक्त कोई विकल्प नहीं है।

27 अक्तूबर, 1947 के अपने पत्र में माउंटबेटन ने कश्मीर के महाराजा को लिखा कि बाद में भारत सरकार राज्य में कानून व व्यवस्था स्थापित होने और घुसपैठियों को खदेड़ने के बाद अपनी नीति के अनुसार इस राज्य के भारत में विलय के प्रस्ताव को राज्य की प्रजा की इच्छा कहकर अंतिम रूप देकर इसे भारत में मिला लेगी। 27 अक्तूबर के ही एक अन्य पत्र में माउंटबेटन ने सरदार पटेल को एक ब्रिटिश अधिकारी के विचारों से अवगत कराया कि आंदोलन बहुत ही सुदृढ़ता से आयोजित किया गया है, पूर्व आई. एन.ए. अधिकारी इसमें सम्मिलित हैं और श्रीनगर पर नियंत्रण के लिए

(उदाहरणार्थ—उपायुक्त नामित किया गया है) उसी ओर बढ़ रहे हैं और मुसलिम लीग भी इसमें सम्मिलित है। समाचार यह भी मिला था कि पाकिस्तानी हमलावरों ने कुछ क्षेत्र पर अधिकार कर लिया है और आगे बढ़ रहे हैं। भारत सरकार ने इसपर अपनी सेना को कश्मीर भेजने का निर्णय लिया। फिर भी ब्रिटिश कमांडर-इन-चीफ सर राय बुकर कश्मीर में सेना भेजने के पक्ष में नहीं थे, क्योंकि दो मुहिमों—कश्मीर व रेडक्लिफ—पर भिड़ना कठिन होगा।

एस. गोपाल ने अपनी पुस्तक 'जवाहरलाल नेहरू की आत्मकथा' में सरदार पटेल की भूमिका को कम दरशाते हुए इस बात पर जोर दिया कि कश्मीर में सेना भेजने का निर्णय मंत्रिमंडल का था। यद्यपि यह तथ्यों के विपरीत है। लगभग सारा मंत्रिमंडल अनिर्णय की स्थिति में था और यह सरदार पटेल ही थे, जिन्होंने सेनाध्यक्ष तथा अन्य लोगों की इच्छा के विरुद्ध श्रीनगर में सेना भेजने का निर्णय लिया।

राज्य में सेना भेजने के निर्णय पर बक्शी गुलाम मोहम्मद, जो उस समय शेख अब्दुल्ला के प्रमुख सहायक थे, ने सरदार पटेल की भूमिका पर दिलचस्प प्रकाश डाला। दिल्ली में होनेवाली उस निर्णयात्मक बैठक में बक्शी गुलाम मोहम्मद उपस्थित थे। जब निर्णय लिया गया, उस संबंध में उन्होंने अपने विचारों को अभिलिखित किया है—

> लॉर्ड माउंटबेटन ने बैठक की अध्यक्षता की। बैठक में सम्मिलित होनेवालों में थे—पंडितजी (जवाहरलाल नेहरू), सरदार वल्लभभाई पटेल, रक्षा मंत्री सरदार बलदेव सिंह, जनरल बुकर, कमांडर-इन-चीफ जनरल रसेल, आर्मी कमांडर तथा मैं। हमारे राज्य में सैन्य स्थिति तथा सहायता को तुरंत पहुँचाने की संभावना पर ही विचार होना था। जनरल बुकर ने जोर देकर कहा कि उनके पास संसाधन इतने थोड़े हैं कि राज्य को सैनिक सहायता देना संभव नहीं। लॉर्ड माउंटबेटन ने निरुत्साहपूर्ण झिझक दरशाई। पंडितजी ने तीव्र उत्सुकता एवं शंका प्रकट की। सरदार पटेल सबकुछ सुन रहे थे, किंतु एक शब्द भी नहीं बोले। वह शांत व गंभीर प्रकृति के थे; उनकी चुप्पी पराजय एवं असहाय स्थिति, जो बैठक में परिलक्षित हो रही थी, के बिलकुल विपरीत थी। सहसा सरदार अपनी सीट पर हिले और तुरंत कठोर एवं दृढ़ स्वर से सबको अपनी ओर आकर्षित किया। उन्होंने

अपना विचार व्यक्त किया—"जनरल, हर कीमत पर कश्मीर की रक्षा करनी होगी। आगे जो होगा, देखा जाएगा। संसाधन हैं या नहीं, आपको यह तुरंत करना चाहिए। सरकार आपकी हर प्रकार की सहायता करेगी। यह अवश्य होना और होना ही चाहिए। कैसे और किसी भी प्रकार करो, किंतु इसे करो।" जनरल के चेहरे पर उत्तेजना के भाव दिखाई दिए। मुझमें आशा की कुछ किरण जगी। जनरल की इच्छा आशंका जताने की रही होगी, किंतु सरदार चुपचाप उठे और बोले, "हवाई जहाज से सामान पहुँचाने की तैयारी सुबह तक कर ली जाएगी।" इस प्रकार कश्मीर की रक्षा सरदार पटेल के त्वरित निर्णय, दृढ़ इच्छाशक्ति और विषम-से-विषम परिस्थिति में भी निर्णय के कार्यान्वयन की दृढ़ इच्छा का ही परिणाम थी।

महान् संन्यासी श्रीअरविंद, जिन्होंने सक्रिय राजनीति का परित्याग कर दिया था और पांडिचेरी में एक कर्मयोगी बनकर जीवन-यापन कर रहे थे, ने 22 दिसंबर, 1946 को अपने एक शिष्य के प्रश्न के उत्तर में भविष्यवाणी पहले ही कर दी थी कि "उन सभी के बीच सरदार पटेल ही एक सुदृढ़ व्यक्ति हैं।" (श्रीअरविंद, भारत का पुनर्जन्म, पृष्ठ 235)।

सर राय बुकर ने स्वीकार किया है कि उन्होंने राय दी थी कि भारतीय सेना, जो उन दिनों इतनी शक्तिशाली न थी, के लिए हैदराबाद और कश्मीर को एक साथ निपटाना आसान नहीं था, पर सरदार पटेल नहीं माने। अंततः सर राय बुकर के अनुसार, "हैदराबाद में सैन्य बल की निपुणतापूर्वक संचालित की गई काररवाई को समझने में वे मुझसे अधिक चतुर निकले। मुझे कभी भी पता नहीं चला कि किस प्रकार उनकी गुप्तचर-बुद्धि ने यह सब किया; किंतु उस विप्लवी समय में भी उनकी युक्ति शानदार रूप में सफल रही थी।"

भारतीय सेना की जिस पहली टुकड़ी को हवाई जहाज से कश्मीर में भेजा गया था, उसके कुछ ही दिनों बाद सरदार पटेल ने भारतीय वायु सेना के एक विमान को अपने नियंत्रण में रखने का आदेश दिया, जो उन्हें, उनकी पुत्री और कुछ अधीनस्थ कर्मचारियों को कश्मीर ले जाए, ताकि वह स्वयं वहाँ की स्थिति पर नजर रख सकें। जब उन्हें बताया गया कि यात्रा बहुत ही कठिन होगी तथा कमांडर-इन-चीफ इसकी स्वीकृति नहीं देंगे तो सरदार बोले, "कमांडर-इन-चीफ की राय की चिंता मत करो, मुझे बस एक जहाज दे दो।"

सर बुकर ने बाद में स्मरण करते हुए बताया कि "वह विमान, जिसका मुझे सन् 1949 में भारत छोड़ने के कुछ वर्षों के बाद ही पता चला, कुछ रिपोर्ट मिलने पर अधिक सैन्य बल कश्मीर भेजने के लिए उपयोग में लाया गया।"

माउंटबेटन ने किसी समझौते की संभावना को लेकर लाहौर की एक गुप्त यात्रा की। वह पाकिस्तानी नेताओं और जिन्ना तथा लियाकत अली खाँ से भी मिले। लियाकत अली खाँ ने कबायलियों द्वारा की जा रही घुसपैठ को उचित ठहराया, क्योंकि महाराजा से वार्त्ता संभव न हो सकी, जिसने कि हिंदुओं को और विशेषकर अपनी रियासती सेनाओं को आज्ञा देकर विषम परिस्थितियाँ खड़ी कर दी थीं—पुंछ, मीरपुर और जम्मू सीमा पर मुसलमानों को मारने के लिए। माउंटबेटन के अनुसार, "उसने इनकार नहीं किया कि अफरीदी व महसूद भी पाकिस्तान सरकार को बताए बिना कश्मीर में घुस गए थे।"

बाद में 1 नवंबर, 1947 को माउंटबेटन की जिन्ना से अकेले में वार्त्ता हुई। माउंटबेटन ने जिन्ना को एक फॉर्मूला दिया, जिसे उन्होंने भारत सरकार के सुझाव के बिना स्वयं तैयार किया था, जो दोनों देशों की सरकारों को स्वीकार्य हो सकता था। वह फॉर्मूला इस प्रकार था—

> भारत व पाकिस्तान की सरकारें स्वीकार करती हैं कि जिस रियासत में राजा बहुसंख्यक समुदाय का न हो और जिसका भारत या पाकिस्तान किसी भी देश में विलय न हुआ हो, ऐसी स्थिति में वहाँ निष्पक्ष जनमत-संग्रह कराने के बाद ही निर्णय लिया जाए कि किस देश में उसका विलय होगा।

जिन्ना ने इस फॉर्मूले को मानने से इनकार कर दिया, क्योंकि वह चाहते थे कि हैदराबाद स्वतंत्र रहे। अतएव उन्होंने किसी भी राज्य में सम्मिलित होने की बात नहीं मानी। जूनागढ़ के विषय में माउंटबेटन ने लियाकत अली के 21 सितंबर के वक्तव्य का हवाला जिन्ना को दिया, जिसमें कहा गया था कि कानून व संवैधानिक आधार पर गठित प्रत्येक भारतीय रियासत किसी भी संघ राज्य में सम्मिलित होने के लिए स्वतंत्र थी। जब इस वक्तव्य को जिन्ना के सामने रखा गया तो वह व्याकुल-से हो गए; किंतु पुनः इस बात पर जोर दिया कि कानूनी तौर पर यही ठीक था।

कश्मीर के संबंध में माउंटबेटन ने उनके सामने भारतीय सेनाओं के प्रमुख द्वारा हस्ताक्षरित घटनाक्रम का विवरण प्रस्तुत किया, जिसमें कहा गया

था कि पहला आक्रमण कबायलियों द्वारा 24 अक्तूबर, 1947 को किया गया और मुजफ्फराबाद पर कब्जा कर लिया गया। उसके बाद ही भारतीय थलसेना, वायुसेना व नौसेना प्रमुखों को यह आदेश दिया गया कि यदि घुसपैठ कम नहीं होती तो तुरंत ही कश्मीर में सेना भेज दी जाए। 25 अक्तूबर की दोपहर को ही इस बात का स्पष्टीकरण हो चुका था कि पाकिस्तान से प्राप्त सहायता के बल पर ही कबायली कश्मीर पर आक्रमण कर रहे हैं और जब महाराजा ने विलय समझौते पर हस्ताक्षर किए तभी इन्फैंट्री ब्रिगेड को भेजने की तैयारी शुरू की गई और जिसे 27 अक्तूबर, 1947 को ही भेजा जा सका। जिन्ना की शिकायत यह थी कि पाकिस्तान सरकार को इस विषम-स्थिति की सूचना नहीं दी गई। जिन्ना के शब्द थे, "विलय प्रस्ताव धोखे और हिंसा से लाया गया है।"

माउंटबेटन ने स्वीकार किया कि हिंसा के बाद ही इसे लाया गया, किंतु इसके लिए पाकिस्तान सरकार उत्तरदायी थी। माउंटबेटन ने जिन्ना से कहा कि "वह स्वयं महाराजा से संपर्क कर रहे थे और उन्होंने महाराजा को परामर्श दिया था कि शीघ्रता से एक प्रगतिशील सरकार का गठन करें तथा जनता की राय लें। किंतु महाराजा विलंब करते रहे। लॉर्ड इस्मे ने परामर्श दिया था कि मुख्य बात लड़ाई रोकना था।" जिन्ना ने कहा कि "साथ-ही-साथ सेनाएँ भी वापस होनी चाहिए।" माउंटबेटन ने आगे कहा कि "वह किस प्रकार कह रहे हैं कि हम अपनी सेनाएँ वापस करें, यह देखते हुए भी कि भारतीय सेनाएँ श्रीनगर के बाहरी भाग में ही रक्षात्मक रूप से भाग ले रही हैं; जबकि जो होना चाहिए वह है कबायलियों द्वारा आक्रमण रोका जाना।"

माउंटबेटन के जनमत-संग्रह की बात पर जोर देने पर जिन्ना ने जोरदार प्रतिरोध किया और कहा, "भारतीय सेनाओं का कश्मीर पर अधिकार तथा शेख अब्दुल्ला के नेतृत्व में नेशनल कॉन्फ्रेंस के साथ ऐसा प्रस्ताव एवं प्रभाव के कारण आम मुसलमान पाकिस्तान के पक्ष में मत देने का मन नहीं बनाएगा।"

जिन्ना ने माउंटबेटन के दिल्ली जाने के प्रस्ताव को भी नहीं माना, जिससे सभी मामलों पर वार्त्ता हो सके। इस प्रकार यह बैठक बिना किसी ठोस परिणाम के ही समाप्त हो गई।

दिल्ली जाने के प्रस्ताव को एक सिरे से अस्वीकार करने और स्पष्ट रूप से मना करने पर भी माउंटबेटन कश्मीर मामले में कुछ करने के लिए इतना लालायित थे कि उन्होंने पाकिस्तान सरकार के प्रमुख द्वारा किए गए अपमान

को सहते हुए भी जवाहरलाल नेहरू को बलदेव सिंह व गोपालस्वामी आयंगर के साथ पुन: 8 दिसंबर, 1947 को लाहौर जाने को मना लिया। उन्होंने लियाकत अली खाँ तथा पाकिस्तानी मंत्रिमंडल के सदस्य गुलाम मोहम्मद के साथ कश्मीर पर वार्त्ता की।

यह जानना रुचिकर होगा कि जिन्ना ने इस प्रतिनिधिमंडल से मिलने की जरूरत नहीं समझी और पड़ोसी राज्य के प्रमुख से बात करने की जिम्मेदारी कनिष्ठों के ऊपर ही छोड़ दी। पूर्व में जिन्ना ने मान लिया था कि यदि पाकिस्तान चाहे तो आक्रमणकारियों को वापस बुलाया जा सकता है; किंतु अब लियाकत अली खाँ व गुलाम मोहम्मद दोनों ने वार्त्ता में इस बात से इनकार कर दिया कि आक्रमणकारियों को रोकने के अधिकार उनके पास हैं। अत: वार्त्ता पुन: असफल रही।

कहना कठिन है कि सरदार पटेल ने इन वार्त्ताओं में भाग लिया था या नहीं। यद्यपि निश्चित तौर पर वह इन प्रतिनिधिमंडलों के सदस्य नहीं थे और ये सारी बातें नेहरू के अधीन यानी विदेश मंत्रालय एवं गोपालस्वामी के परामर्श पर ही हो रही थीं। सामान्यत: इसे राज्यों के मामलों के मंत्री सरदार पटेल के नेतृत्व में किया जाना चाहिए था, किंतु देश-हित में सरदार पटेल ने इसे अपने अधिकार का प्रश्न बनाना नहीं चाहा और अपने आपको केवल परामर्श देने तक ही सीमित रखा; निर्णय लेना पं. नेहरू व आयंगर पर ही छोड़ दिया।

शेख अब्दुल्ला महाराजा हरि सिंह से व्यक्तिगत रूप से घृणा करते थे। बदलती परिस्थिति के अनुसार वे स्वयं को नहीं ढाल सके, जैसा कि स्वतंत्रता-प्राप्ति पर भारतीय नेताओं ने कर लिया था। सरदार पटेल ने रियासतों एवं राजाओं का विश्वास जीत लिया था। अब्दुल्ला ने सारी शक्तियाँ अपने हाथ में रखनी चाहीं तथा डोगरा वंश को संवैधानिक प्रमुख बनाए रखना स्वीकार नहीं किया, जैसे कि पटेल ने हैदराबाद तथा अन्य रियासती राजाओं के साथ किया था।

विलय होने के तुरंत बाद अब्दुल्ला ने महाराजा हरि सिंह को हटाना चाहा, जबकि महाराजा को सरदार पटेल का सहयोग प्राप्त था। ध्यान देने योग्य बात है कि 24 दिसंबर, 1947 को शेख अब्दुल्ला ने महाराजा को प्रस्ताव प्रेषित किया कि वह जम्मू, कठुआ व ऊधमपुर जिलों को लेकर शेष कश्मीर को पाकिस्तान की तरह एक स्वतंत्र मुसलिम राज्य के रूप में छोड़ दें। जब

मेहर चंद महाजन द्वारा इस बात को सरदार पटेल के सामने पेश किया गया तो वे अब्दुल्ला की गतिविधियों पर उत्तेजित हो गए।

अपने प्रस्ताव का अपेक्षित उत्तर न मिलने के कारण शेख अब्दुल्ला ने एकच्छत्र शासक की तरह व्यवहार करना चाहा। अधिकारियों तथा विभागों को बदलना, उन्हें निलंबित करना, अकारण अधिकार सीमित करना आदि कार्य महाराजा से अनुमति लिये बिना ही करने लगे। उन्होंने न्यायालयों के कार्यों में भी हस्तक्षेप करना शुरू कर दिया।

महाराजा हरि सिंह का इन परिस्थितियों में कार्य करना कठिन हो गया; किंतु सरदार ने उन्हें त्याग-पत्र देने से रोक दिया तथा परामर्श दिया कि उनका उद्‌देश्य राज्य में उत्तरदायी सरकार बनाए रखना है। 21 अक्तूबर, 1947 के अपने पत्र में उन्होंने महाराजा को शेख अब्दुल्ला का विश्वास प्राप्त करने का परामर्श दिया; यद्यपि वह जानते थे कि इससे महाराजा क्रोधित हो जाएँगे।

दूसरी ओर, पं. नेहरू ऐसा कुछ भी नहीं करना चाहते थे जिससे शेख अब्दुल्ला रुष्ट हों, जो न केवल उनके व्यक्तिगत मित्र थे, अपितु विलय के संबंध में भी जनमत-संग्रह पर अनुकूल वातावरण तैयार करने में महत्त्वपूर्ण भूमिका निभा चुके थे। जयपुर के प्रधानमंत्री वी.टी. कृष्णमाचारी ने 25 अक्तूबर, 1947 के पत्र में सरदार पटेल को सूचित किया कि शेख अब्दुल्ला कश्मीर के भारत में विलय के संबंध में पर्याप्त लोकमत जुटाने में समर्थ हो सकेंगे।

28 दिसंबर, 1947 को सरदार पटेल थोड़े समय के लिए जाम साहेब, वी.पी. मेनन तथा मेजर जनरल हिम्मत सिंह के साथ जम्मू के दौरे पर गए। सरदार पटेल ने जम्मू के लोगों को सांत्वना देते हुए अपने वक्तव्य में कश्मीर के प्रति भारत के दृष्टिकोण को रखा। उन्होंने कहा—

> मैं आपको आश्वासन देता हूँ कि हम अपनी पूरी शक्ति के साथ कश्मीर की रक्षा करेंगे। इसकी प्राप्ति के लिए धन या संसाधनों की कमी नहीं होगी। जो भी हो, हम कश्मीर नहीं छोड़ेंगे और निश्चय ही इस काम को पूरा करेंगे।

जवाहरलाल नेहरू ने 30 दिसंबर, 1947 के अपने पत्र में सरदार पटेल को बक्शी के होमगार्डों की बजाय राष्ट्रीय स्वयंसेवक संघ को हथियार देने के आरोप की बात बताई। यह बात बक्शी गुलाम मोहम्मद ने उन्हें बताई। सरदार

पटेल ने आरोप को मानने से इनकार कर दिया और जवाहरलाल नेहरू से साफ कहा कि एक दिन पूर्व ही बक्शी दिन भर उनके साथ था, किंतु उसने उस विषय में कोई बात नहीं की।

जवाहरलाल नेहरू ने 30 दिसंबर, 1947 के ही एक अन्य पत्र में सरदार पटेल को लिखा कि कमांडर-इन-चीफ बुकर बहुत नाराज हैं और उन्होंने मेजर जनरल कुलवंत सिंह से स्पष्टीकरण माँगा है कि बक्शी के होमगार्डों को हथियार क्यों नहीं दिए गए? सरदार पटेल इस बात को मेजर जनरल कुलवंत सिंह के ध्यान में लाए, जिसमें स्पष्टीकरण दिया गया कि हथियार बक्शी को दिए गए थे और महाराजा ने सीधे या किसी के द्वारा इन हथियारों को राष्ट्रीय स्वयंसेवक संघ को नहीं दिया।

30 मई, 1948 के एक अन्य पत्र में जवाहरलाल नेहरू ने पटेल को कश्मीर में प्रचार की कमी के विषय में लिखा, जिससे वहाँ के नागरिकों का मनोबल कम हुआ है और राय दी कि श्रीनगर में अच्छे संचार साधन उपलब्ध कराए जाएँ, जिनके साथ तकनीकी जनशक्ति भी उपलब्ध हो। जवाहरलाल ने महाराजा हरि सिंह के निरंतर जम्मू में रहने की भी बात की, जिससे लोगों में गलत धारणा बनती है तथा महाराजा व अब्दुल्ला सरकार के बीच वार्त्तालाप में भी बाधक है। सरदार पटेल के परामर्श से 1 जून, 1948 को वी. शंकर ने महाराजा को लिखा, जिस पर उन्होंने 15 दिन श्रीनगर व 15 दिन जम्मू में रहने की बात मान ली। वी. शंकर ने महाराजा को यह परामर्श भी दिया कि उन्हें जन-हित में किए गए कार्यों को विज्ञापित करना चाहिए, जिससे जनता उन्हें ठीक तरह से समझ सके।

पं. नेहरू के कुछ सुझावों को मानते हुए सरदार पटेल ने शेख को महाराजा की सरासर अवहेलना करने का दोषी पाया। उन्हें अपनी प्रजा के प्रति उनके कुछ कर्तव्यों से भी अवगत कराया गया। शेख द्वारा भारतीय सैनिकों से पृथक् अपने स्वयं के सैनिक रखने की बात भी उन्होंने पं. नेहरू को बताई।

गोपालस्वामी आयंगर को शेख अब्दुल्ला को समझाना असंभव सा लगा कि वे महाराजा के विचारों को भी समझें। पं. नेहरू के कहे अनुसार, वह शेख के हाथ ही मजबूत करते गए और इसी भ्रम में उनकी इस शर्त को मान लिया कि मेहर चंद महाजन को जाने दिया जाए। महाराजा को मनाने में असफल होने पर पं. नेहरू और गोपालस्वामी आयंगर ने सरदार पटेल से सहायता करने के लिए कहा कि महाजन को जाने के लिए महाराजा को राजी करें। सरदार पटेल

उनके विचारों से असहमत तो थे, किंतु महाराजा को मनाने में सफल हो गए कि महाजन की छुट्टी कर दी जाए।

इससे भी शेख अब्दुल्ला संतुष्ट नहीं हुए और इस बात पर अड़े रहे कि महाराजा को भी राज्य छोड़ने के लिए कहा जाए, ताकि वह स्वतंत्र रूप से कार्य कर सकें। किंतु सरदार पटेल पूरी तरह से शेख या उसकी बातों पर विश्वास नहीं कर सके और अनुभव किया कि महाराजा को पदच्युत करना नैतिक रूप से ठीक न होगा, जिनके हस्ताक्षरों से वे राज्य में रह रहे हैं। सरदार इस बात से अप्रसन्न थे कि शेख की एक माँग मानने पर वह दूसरी माँग कर बैठा तथा देखा जाए तो वह भारत को अवैध रूप से डरा-धमका रहा है कि उसकी माँगें पूरी की जाएँ। फिर भी नेहरू द्वारा बार-बार आग्रह करने पर सरदार पटेल को महाराजा से राज्य छोड़ने जैसी अशोभनीय बात कहनी पड़ी। किंतु यह निर्णय उनके लिए इतना कड़वा था कि उन्होंने आगे संपर्क का कार्य अपने निजी सचिव वी. शंकर पर छोड़ दिया। सरदार पटेल के कहने पर महाराजा ने राज्य छोड़ना स्वीकार कर लिया और बंबई में रहने चले गए, जबकि उनके पुत्र युवराज कर्ण सिंह अवयस्क उत्तराधिकारी के रूप में कार्य करने लगे।

जब कश्मीर में भारतीय सेना और पाकिस्तान समर्थित कबायलियों के बीच युद्ध चल रहा था तब लॉर्ड माउंटबेटन के कहने पर 1 जनवरी, 1948 को निर्णय लिया गया कि संयुक्त राष्ट्र में पाकिस्तान के विरुद्ध औपचारिक शिकायत दर्ज कराई जाए। उस समय सरदार पटेल दिल्ली में उपस्थित नहीं थे। वह इस मामले को संयुक्त राष्ट्र संघ में ले जाने के पक्ष में नहीं थे। उनके विचार में तो अच्छा यह होगा कि भारत शिकायत करनेवाला नहीं, अपितु रक्षक के रूप में अपना उत्तरदायित्व निभाए। प्रमुख कांग्रेसी नेता श्री एन.जी. रंगा इस संबंध में लिखते हैं—"सरदार पटेल के परामर्श के बिना ही कश्मीर का मामला संयुक्त राष्ट्र संघ में ले जाया गया।" मीर कासिम ('माइ लाइफ ऐंड टाइम्स') लिखते हैं कि शेख अब्दुल्ला भी भारत द्वारा संयुक्त राष्ट्र संघ के हस्तक्षेप के पक्ष में नहीं थे, क्योंकि उन्हें विश्वास था कि भारतीय सेना पूरे राज्य को आक्रमणकारियों से छुड़ाने में समर्थ थी। यह बात सत्यता से अधिक दूर नहीं थी, जैसे कि जनरल थिमैया, जो उस समय कश्मीर में सैनिक अभियान के प्रमुख थे, बहुत ही रुष्ट हुए। प्रधानमंत्री पं. नेहरू द्वारा उन्हें युद्ध बंद करने के लिए उस समय कहा गया जब वह पूरे राज्य को आक्रमणकारियों

से खाली कराने वाले थे। ले. जनरल थोराट ने अपनी आत्मकथा 'फ्रॉम रिवेली टु रिट्रीट' में लिखा है—

> कश्मीर घाटी में युद्ध हमारे पक्ष में चल रहा था, किंतु मैं उसमें सीधे नहीं जुड़ा था। मैं उसपर टिप्पणी नहीं करना चाहूँगा। मैं केवल यह टिप्पणी करूँगा कि सेना मुख्यालय में पहुँची रिपोर्टों का अनुशीलन करने पर हमारी सेनाएँ घुसपैठियों को खदेड़ने में सफल हो जातीं, यदि प्रधानमंत्री ने उन्हें न रोका होता और बाद में युद्धविराम न किया होता। मैं नहीं जानता कि किन राजनीतिक कारणों से उन्हें यह करना पड़ा, किंतु स्पष्ट है कि बहुत अधिक दबाव गवर्नर जनरल लॉर्ड माउंटबेटन की ओर से रहा होगा। जैसा कि सभी जानते हैं कि पं. नेहरू लॉर्ड माउंटबेटन के निजी पारिवारिक मित्र थे।

एस.के. पाटिल ('माइ ईयर्स विद कांग्रेस') भी इस बात का समर्थन करते हुए कहते हैं—

> सरदार के भरोसे छोड़ा जाता तो वे कभी भी यह नहीं मानते। भारत लाभ की स्थिति में था और वह उसके भले के लिए था कि अधिक जोर लगाए, किंतु जवाहरलाल ने माउंटबेटन की सलाह अधिक सुनी। सरदार पटेल अत्यंत दुःखी थे, किंतु कुछ कर न सके।

सन् 1947-48 में कश्मीर पर भारत-पाक युद्ध के बाद भी संयुक्त राष्ट्र संघ ने हस्तक्षेप किया और युद्धविराम लागू हुआ—अधिकृत क्षेत्र की वास्तविक नियंत्रण रेखा पर। सरदार पटेल—एक पूर्ण व्यावहारिक व्यक्ति—ने चाहा कि कोई समझौता हो। जैसा कि उन्होंने सर राय बुकर को कहा कि "वह कश्मीर पर किसी समझौते के विरुद्ध नहीं थे; किंतु यदि सीमाएँ माननी थीं तो उन्हें भूमि पर रेखांकित होना चाहिए, क्योंकि अनिश्चित रेखा, जैसी रेडक्लिफ अवार्ड में प्रकाशित की गई थी, उन्हें असहनीय थी।"

भारतीय संविधान में धारा 370 को जोड़ना समान रूप से महत्त्वपूर्ण एवं विवादास्पद विषय है, जिसमें जम्मू व कश्मीर राज्य के भारत से संबंध परिभाषित किए गए हैं। इसे शेख अब्दुल्ला तथा अपने मंत्रालय से परामर्श और पं. नेहरू की स्वीकृति के बाद गोपालस्वामी आयंगर द्वारा तैयार किया गया था; जबकि नेहरू से उनकी संयुक्त राज्य अमेरिका की यात्रा पर जाने से पूर्व इस

पर चर्चा हुई थी। इस अवधि में सरदार पटेल से इस विषय पर कोई वार्त्ता नहीं की गई। संविधान सभा में कांग्रेस पार्टी इस धारा के प्रारूप की कट्टर विरोधी थी, जिसमें कि जम्मू-कश्मीर राज्य की विशेष स्थिति रखी गई थी। सभा इस बात की पक्षधर थी कि सभी राज्यों के लिए समान स्थिति रखी जाए।

गोपालस्वामी आयंगर पार्टी को समझाने में असफल रहे तथा पुनः सरदार पटेल से हस्तक्षेप करने के लिए आग्रह किया। सरदार पटेल बहुत ही बिषम परिस्थिति में फँस गए। पं. नेहरू की अनुपस्थिति में वे ऐसा कुछ नहीं करना चाहते थे, जिससे यह आभास हो कि प्रधानमंत्री होने के नाते उन्होंने जो शर्तें रखी थीं, उन्हें न मानकर उनके पद की गरिमा को कम किया गया। अतः उनके पास, उप-प्रधानमंत्री होने के नाते राज्य को विशेष स्थिति में रखने की शर्त को न चाहते हुए भी मानने के अतिरिक्त कोई विकल्प नहीं था। उन्होंने संविधान सभा में इस प्रस्ताव को पेश तो कर दिया, किंतु उन्हें उस समय बहुत अप्रसन्नता हुई, जब गोपालस्वामी ने पार्टी द्वारा तैयार धारा के प्रारूप में थोड़ा परिवर्तन करने की राय दी। सरदार पटेल ने अपने 16 अक्तूबर, 1949 के पत्र में गोपालस्वामी आयंगर को लिखा—

> शेख साहब की उपस्थिति में पार्टी ने जिस व्यवस्था को स्वीकार किया है, उसमें मैं बिलकुल भी परिवर्तन करना नहीं चाहता। जब भी शेख साहब पीछे हटना चाहते हैं, वे सदा हम लोगों के प्रति कर्तव्य की बात लेकर सामने आते हैं। सच है कि उनका भारत के प्रति और प्रधानमंत्री, जिन्होंने सीमा से बाहर जाकर भी उनकी बात मनवाई है, के प्रति कोई कर्तव्य नहीं है। इन परिस्थितियों में मेरी स्वीकृति का कोई प्रश्न ही पैदा नहीं होता। यदि आप इसे सही समझते हैं तो करें।

प्रकाशवीर शास्त्री लिखते हैं—

> एक दैवी ज्योतिषी के रूप में उन्होंने (सरदार पटेल ने) दो भविष्यवाणियाँ की थीं—पहली थी चीन के मंतव्य की और दूसरी शेख अब्दुल्ला के प्रति अविश्वास, जो बहुत सीमा तक कश्मीर को गृह मंत्रालय से विदेश मंत्रालय में ले जाने का सूत्रधार रहा। शेख को पता था कि यदि कश्मीर सरदार पटेल के अधीन रहा तो उसकी वही दशा होगी, जो जूनागढ़ व हैदराबाद की हुई। सरदार पटेल कभी भी राष्ट्र की समस्याओं को लटकाए नहीं रखना चाहते थे।

कश्मीर मसले पर एक बार सरदार पटेल ने कामत से कहा था, "यदि जवाहरलाल नेहरू और गोपालस्वामी आयंगर ने कश्मीर को मेरे मंत्रालय—गृह व राज्य से—पृथक् कर अपने संरक्षण में न लिया होता तो वह इस समस्या को उसी उद्देश्यपूर्ण ढंग से निपटाते जैसे जूनागढ़ व हैदराबाद की समस्या का समाधान हुआ था।" यह भी प्रायश्चित्त की बात है कि पं. नेहरू ने सरदार पटेल द्वारा चीन के संबंध में दी गई चेतावनी की ओर ध्यान नहीं दिया, जो उन्होंने अपनी घातक बीमारी के एक माह पहले ही दी थी।

जैसा कि पटेल के पत्र उजागर करते हैं—प्रधानमंत्री नेहरू का कभी-कभी काम करने का अद्भुत तरीका होता था। बौद्धिक दृष्टि से वह कितने भी महान् रहे हों, उन्होंने लोगों के मामलों एवं समस्याओं से निपटने की विलक्षणता में सरदार पटेल को सदैव अपने से श्रेष्ठ माना। वह सरदार पटेल की प्रखर बुद्धि, स्वाभिमान, देशभक्ति तथा संगठन-शक्ति का सम्मान करते थे। फिर भी विचारों में मतभेद होने पर, जिस पर कि उनके अपने विचार दृढ़ हों, वह हमेशा स्वयं को अन्य लोगों का सहयोग प्राप्त करने में सफल हो जाते थे और यही कारण था कि वह गोपालस्वामी आयंगर को जम्मू-कश्मीर, विदेश मामलों व पाकिस्तान मामलों पर अपनी सहायता के लिए लेकर आए। जब गोपालस्वामी आयंगर नहीं रहे तो वह मौलाना आजाद की ओर झुके और उनकी मृत्यु के बाद वह गोविंद बल्लभ पंत पर निर्भर रहे।

सरदार पटेल की चेतावनी थोड़े शब्दों में ही होती थी, किंतु वे अपनी बात समझाने में काफी प्रभावकारी होते थे। कश्मीर पर वाद-विवाद के समय शेख अब्दुल्ला क्रोधित होकर संसद् से बाहर चले गए। सरदार पटेल ने अपनी सीट से ही देखा। उन्होंने सदन के एक वयोवृद्ध व्यक्ति को बुलाकर कहा, "शेख संसद् से बाहर तो जा सकते हैं, किंतु दिल्ली से बाहर नहीं जा सकते।" इस चेतावनी ने शेख को हिलाकर रख दिया और वह तुरंत वापस लौट आए।

सरदार पटेल को शेख के प्रति शुरू से ही आशंका रहती थी, किंतु वह हस्तक्षेप नहीं करते थे; क्योंकि कश्मीर मामला पं. नेहरू के पास था। उनके शेख से व्यक्तिगत संबंध थे। पटेल द्वारा शेख को आँकने का सही अर्थ उनकी मृत्यु के कुछ दिन बाद ही समझ में आ गया, जब शेख अब्दुल्ला अपने ही लोगों से किए गए वादे, नेशनल कॉन्फ्रेंस तथा भारत को दिए गए वचन भूल

गए—जब कुछ विदेशी ताकतों ने उन्हें स्वतंत्र कश्मीर का सपना दिखाया, जो बहुत ही लुभावना था। शेख की वास्तविक सोच सन् 1949 में सामने आई जब एक विदेशी पत्रकार से भेंट आयोजित की गई, जिसमें अब्दुल्ला ने स्वतंत्र कश्मीर की वकालत की, जिसका न भारत से कोई संबंध हो और न ही पाकिस्तान से; किंतु उसे भारत, पाकिस्तान, ब्रिटेन, संयुक्त राज्य अमेरिका तथा संयुक्त राष्ट्र संघ मान्यता दें तथा भारत व पाकिस्तान से आर्थिक सहायता मिले। उन्होंने अपनी योजना कश्मीर सरकार, नेशनल कॉन्फ्रेंस तथा कश्मीरी लोगों पर थोपनी चाही। उनकी इन गतिविधियों से गंभीर स्थिति पैदा हो गई, जिसका मौलाना आजाद ने इसी विषय को लेकर की गई अपनी कश्मीर यात्रा के बाद उल्लेख किया।

रफी अहमद किदवई एक पक्के राष्ट्रभक्त थे तथा सरदार पटेल से हमेशा भिड़ते रहे। उनको पं. नेहरू ने इस समस्या के समाधान के लिए चुना। बक्शी गुलाम मोहम्मद, अब्दुल्ला के सहायक, ने उनको भरपूर सहायता दी। शेख अब्दुल्ला को गुलमर्ग जाते हुए गिरफ्तार कर लिया गया और बक्शी ने प्रधानमंत्री का पद ग्रहण किया। सरदार पटेल के विश्वासपात्र मेहर चंद महाजन सौभाग्य से किदवई को श्रद्धांजलि देने के लिए जीवित थे। उन्होंने सरदार की आशंकाओं का उल्लेख किया—"उनकी व्यावहारिक बुद्धि तथा त्वरित निर्दोषपूर्ण निर्णयों ने ही कश्मीर को अब्दुल्ला के बदले भावों से बचाया और इसलिए मैं उन्हें कश्मीर बचानेवाला दूसरा व्यक्ति मानता हूँ।"

सरदार पटेल बुरे को बुरा कहने में बिलकुल झिझकते नहीं थे। आर्थर हैंडर्सन—हाउस ऑफ कॉमन्स में संसद् सदस्य—के एक पत्र के उत्तर में उन्होंने 3 जुलाई, 1948 को कुछ ब्रिटिश पत्रकारों के रवैए के प्रति अपना क्षोभ व्यक्त किया, जो जान-बूझकर पूर्वग्रहपूर्वक तथ्यों को तोड़-मरोड़कर प्रस्तुत करते थे, मानो भारत कठोर उपाय करता है। सरदार पटेल ने आगे कहा—

> दुर्भाग्य से मेरा यह अनुभव रहा है कि आम अंग्रेज स्वभाव से ही हमारे विपरीत रहा है। कुछ सम्माननीय विशेष लोग अवश्य हैं, पर बहुत कम। मैंने स्वयं अनुभव किया कि हमें संयुक्त राष्ट्र संघ में नहीं जाना चाहिए था और यदि हमने समय पर कार्य किया होता तो जब हम संयुक्त राष्ट्र संघ में गए थे तो अधिक शीघ्रता से तथा सफलतापूर्वक अपने हित में उसे सुलझा सकते थे, जबकि संयुक्त राष्ट्र संघ ने न केवल समस्या को अधिक समय के लिए उलझाए

> रखा, अपितु हमारी जो मुख्य बातें थीं, उन्हें शक्ति की राजनीति में भुला दिया। मैं यह कहना चाहूँगा कि मैं आपके शिष्टमंडल की विचार-भावना से अत्यंत हताश हुआ हूँ। लॉर्ड माउंटबेटन ने अपनी ओर से भरसक सहायता की; किंतु हम मानते हैं कि नोएल बेकर की धारणा से न्याय का पलड़ा हमारे विरुद्ध गया। अन्यथा मैं सोचता हूँ, यू.एस.ए. तथा अन्य दूसरे देश हमारे विरुद्ध न होते।

पत्राचार व माउंटबेटन से भेंटवार्त्ता तथा कश्मीर समस्या पर उनके विचारों से स्पष्ट है कि माउंटबेटन का कार्य भी संदेहास्पद रहा। उनके अनुदार दल के नेताओं से गहरे संबंध थे तथा विंस्टन चर्चिल से मित्रतापूर्ण संबंध थे। कैंपवेल जॉनसन ने अपनी पुस्तक 'मिशन विद माउंटबेटन' में स्पष्ट किया कि कश्मीर में सहायता की माँग पर माउंटबेटन सेना भेजने के पक्ष में नहीं थे। माउंटबेटन की स्थिति कुछ कठिन थी, क्योंकि वह भारत के गवर्नर जनरल थे और ऐसे में उन्हें भारत के हितों की रक्षा करनी चाहिए थी; किंतु वह एक ब्रिटिश नागरिक थे, अत: उन्हें निष्पक्ष रूप से इस उद्देश्य को भी पूरा करना था कि दोनों देश युद्ध में न उलझें।

पं. नेहरू के 19 अक्तूबर और 27 अक्तूबर, 1948 के पत्रों से स्पष्ट है कि श्रमिक दल की मंत्रिपरिषद्, ब्रिटिश राष्ट्रमंडल के सचिव फिलिप नोएल बेकर की सहानुभूति पाकिस्तान के साथ थी।

माउंटबेटन भी यह सोचते थे कि कुछ कारणों से कश्मीर के महाराजा पाकिस्तान के साथ मिल सकते हैं। यहाँ तक कि ब्रिटिश शासक भी इस विषय पर संप्रदाय के आधार पर पाकिस्तान के लाभ की स्थिति में सोचा करते थे। हमें पता चलता है उसका पाकिस्तान सरकार से यह कहना कि उसने भारत सरकार को इसके लिए वचनबद्ध कर लिया है कि जैसे ही घुसपैठिए वापस जाएँगे, भारत की सेनाएँ भी वापस बुला ली जाएँगी और संयुक्त राष्ट्र संघ के अधीन जनमत-संग्रह करा लिया जाएगा तथा भारत-पाकिस्तान की संयुक्त सेना जनमत के समय तैनात रहेगी। उन्होंने लियाकत अली खाँ को इस आशय का प्रारूप दिखाने से पहले अपने प्रधानमंत्री तथा सरदार पटेल को भी नहीं बताया था। इससे यह भी पता चलता है कि वह आश्वस्त थे कि वह भारतीय नेताओं को समझाने और थोड़ा झुकने के लिए भी मना लेंगे, यदि पाकिस्तान के नेता इसे स्वीकार कर लें। हैदराबाद की समस्या निपटाने में भी माउंटबेटन की इसी

प्रकार की योजना थी।

यह बहुत ही निराशाजनक पक्ष है कि माउंटबेटन के जाने से पहले ही पाकिस्तान की सेना युद्ध में कूद पड़ी थी; किंतु माउंटबेटन के परामर्श के बाद भारतीय वायुसेना द्वारा सीमा पर एक गलियारे में बम फेंके जाने को निषिद्ध कर दिया गया। यही वह गलियारा था जिसमें पाकिस्तान की सेना ने अधिकार कर लिया था तथा उसमें अपना अड्डा बना लिया था और जब तक जनवरी 1949 में युद्धविराम किया गया, भारतीय सेनाएँ इस गलियारे को खाली नहीं करा सकी थीं।

यहाँ तक कि माउंटबेटन भारत छोड़ने के बाद भी पं. नेहरू को युद्ध की घोषणा न करने के लिए लिखता रहा तथा संयुक्त राष्ट्र संघ के मामले में भी सहनशीलता बरतने की राय देता रहा। संभवतः माउंटबेटन द्वारा इसी प्रकार के सुझावों एवं दबाव के कारण पं. नेहरू ने सरदार पटेल की इस बात की अवहेलना की कि 13 अगस्त, 1948 के संयुक्त राष्ट्र के भारत–पाकिस्तान आयोग के घोषणा–पत्र, जिसे भारत द्वारा स्वीकार किया गया और पाकिस्तान द्वारा अस्वीकार, को ही अंतिम माना जाना चाहिए और जब तक पाकिस्तान उस घोषणा–पत्र को स्वीकार नहीं करता, आगे किसी प्रकार की वार्त्ता न की जाए।

संभवतः यदि सरदार पटेल के परामर्श को भारत द्वारा मान लिया जाता तो पाकिस्तानी सेनाओं को राज्य से बाहर खदेड़ा जा सकता था और फिर कोई भी समस्या खड़ी नहीं होती।

जनरल थिमैया भी अप्रसन्न थे कि उन्हें उस समय युद्ध बंद करने के लिए कहा गया, जबकि भारतीय सेना पूरे कश्मीर को आक्रमणकारियों से खाली कराने ही वाली थी। इस संबंध में 10 जुलाई को 'टाइम्स ऑफ इंडिया' में एक पत्रकार लिखता है—

> आज कश्मीर के क्लेश का कुछ भाग अधिकांशतः पं. नेहरू के कश्मीर तथा वहाँ के लोगों संबंधी भावनात्मक दृष्टिकोण के कारण है। कश्मीर के इतिहास एवं भारत–पाक संबंध निश्चित रूप से भिन्न होते, यदि भारतीय सेना उड़ी सेक्टर से आगे चिनारी और फिर कोहल तक तथा झेलम के पार मुजफ्फराबाद एवं निकटवर्ती किशनगंगा नदी तक बढ़ती ही जाती। आज पाकिस्तान की सेना हमारी दया पर निर्भर रहती और अपने विचारों को प्रकट करने के लिए युद्ध–तत्परता नहीं दिखाती।

माउंटबेटन ने 15 अगस्त, 1948 को नेहरू को लिखे पत्र में स्वीकार किया था कि पाकिस्तान भारत से युद्ध छेड़ने की शक्ति नहीं रखता था, क्योंकि उससे पाकिस्तान के समाप्त होने का भय था। उसने कश्मीर समस्या को संयुक्त राष्ट्र संघ में भेजने को सैनिक आधार पर तथा भारत में संभावित सांप्रदायिक नरसंहार को दृष्टि में रखते हुए उचित ठहराया। उसने संयुक्त राष्ट्र संघ द्वारा पाकिस्तान की सेनाओं के कश्मीर में घुसपैठ की निंदा न करने पर निराशा जताई, किंतु फिर भी जोर देता रहा कि भारत पाकिस्तान से युद्ध आरंभ न करे।

15 अक्तूबर, 1948 को मुख्यमंत्री को लिखे पत्र में सरदार पटेल ने स्पष्ट किया था कि पाकिस्तान के साथ संबंध सुधरने की बहुत कम संभावना है, जो आज भी सच है।

> यहाँ मैं आशंकित हूँ कि पाकिस्तान के साथ हमारे संबंध सहज हो पाएँगे। आपने प्रधानमंत्री के वक्तव्य में पाकिस्तान के संबंध में कई मित्रतापूर्ण संदर्भ पढ़े होंगे, किंतु पाकिस्तान के प्रधानमंत्री का उत्तर अजीब लाक्षणिक सा था। वह केवल कुछ संदर्भों का वर्णन करते हुए भारत के साथ मैत्रीपूर्ण संबंध बनाने की कोशिश करने की बात करते और हम जो सुविचारित प्रयास कर रहे थे, उसका कोई उल्लेख नहीं किया गया। पाकिस्तान सरकार भी नाजी-बीमारी से ग्रस्त लगती है, मानो अपने चारों ओर शत्रुओं से घिरी हो। उसके द्वारा हिटलरी पद्धति से गैर-मुसलिमों को डरा-धमकाकर देश से बाहर जाने के लिए विवश करने के कार्य किए जाने लगे। युद्ध की बोली बोलनेवाले प्रेस वक्तव्य, झूठे एवं भारत-विरोधी प्रचार में विष-वमन करना—विशेषकर उर्दू प्रेस में भारतीय नेताओं के विरुद्ध—केंद्रीय व राज्य स्तरीय नेताओं के लिए आम बात हो गई।

अपने पत्र में सरदार पटेल ने लिखा—

> श्री लियाकत अली खाँ ने कुछ टेलीग्राम भेजे हैं, जिनमें मित्रता की वकालत की गई है और शांतिपूर्ण भावनाएँ व्यक्त करने को ध्यान में रखा गया है कि कश्मीर समस्या हमारी संतुष्टि के आधार पर सुलझाई जानी चाहिए। यह सच है कि हम कश्मीर की कीमत पर शांति नहीं खरीद सकते, किंतु प्रायः बार-बार कश्मीर समस्या को

सुलझाने के संबंध में कही गई बातों से लगता है कि उनकी छाती पर कश्मीर ही रेंगता रहता है। इस बीच हर प्रकार की नाराजगी प्रकट की जाती है, इसका विशुद्ध उदाहरण है—पूर्वी पंजाब के लाहौर स्थित स्टाफ और उनके द्वारा पथरिया वन सुरक्षित क्षेत्र तथा पूर्वी बंगाल व असम के जंगलों में अवरोध उत्पन्न करना।

—पी.एन. चोपड़ा
प्रभा चोपड़ा

1

कश्मीर के भारत में विलय तथा शेख अब्दुल्ला व अन्य नेताओं को जेल से रिहा करने के संबंध में पं. नेहरू द्वारा सरदार पटेल को लिखा पत्र

नई दिल्ली
27 सितंबर, 1947

प्रिय वल्लभभाई,

मैं कश्मीर के विषय में आपको लिख रहा हूँ। महाजन के वहाँ जाने से पूर्व मैंने उनसे बात की थी। मुझे लगा कि उनका प्रयास पूरी तरह सफल नहीं होगा।

2. अनेक रिपोर्टों के आधार पर स्पष्ट है कि वहाँ की स्थिति बहुत ही खतरनाक एवं बिगड़ी हुई है। मुसलिम लीग के नेता पंजाब व उत्तर-पश्चिम सीमाप्रांत से कश्मीर में काफी संख्या में घुसपैठ की तैयारी कर रहे हैं। शीतकाल आने पर कश्मीर का देश के शेष भाग से संपर्क टूट जाता है। तब केवल एकमात्र मार्ग झेलम घाटी से होकर रह जाता है। जम्मू मार्ग भी शीतकाल में कठिनाई से ही उपयोग में लाया जा सकता है। हवाई सेवा भी स्थगित हो जाती है। अत: अत्यंत महत्त्वपूर्ण है कि शीतकाल आरंभ होने से पूर्व कुछ-न-कुछ इस दिशा में किया जाना चाहिए। इसका आशय यह हुआ कि अक्तूबर के अंत तक या अधिक-से-अधिक विलंब होने पर नवंबर के आरंभ तक। हवाई सेवा तो इससे पूर्व ही कठिन हो जाएगी।

3. पता चला है कि पाकिस्तान की चाल कश्मीर में अभी से घुसपैठ करके, जब शीतकाल में कश्मीर शेष भारत से लगभग अलग-थलग पड़ जाता

है, उस समय कोई बड़ी कारवाई करने की है।

4. उसकी यह चाल सफल होती है या नहीं, यह उसका विरोध करनेवाली सेना पर निर्भर है। मुझे संदेह है कि महाराजा की सेना इस स्थिति को अपने बलबूते पर, बिना जन-सहायता के, अपने नियंत्रण में कर पाएगी। वे शेष भारत से कट जाएँगे और ऐसे में यदि उनकी जनता उनके विरुद्ध हो जाएगी तो स्थिति सँभालना काफी कठिन होगा। वास्तव में उनकी यदि कोई सहायता कर सकता है तो वह है शेख अब्दुल्ला के नेतृत्ववाली नेशनल कॉन्फ्रेंस। यदि किसी कारणवश वह विद्रोह कर दे या इसमें शामिल न हो तो महाराजा की सरकार बिलकुल अकेली पड़ जाएगी और पाकिस्तानी लोग मैदान मार लेंगे।

5. अत: यह अत्यंत महत्त्वपूर्ण है कि महाराजा नेशनल कॉन्फ्रेंस से मित्रता कर लें, ताकि उन्हें पाकिस्तान के विरुद्ध जन-सहयोग मिल सके। वस्तुत: मुझे नहीं लगता कि महाराजा के पास इसके अतिरिक्त कोई रास्ता बचा है कि शेख अब्दुल्ला व नेशनल कॉन्फ्रेंस के अन्य नेताओं को जेल से रिहा कर दिया जाए। उनकी सहायता लेकर उन्हें विश्वास में लिया जाए कि यह सब उनकी ही भलाई के लिए किया जा रहा है, जिससे भारत में विलय की घोषणा की जा सके। एक बार कश्मीर का भारत में विलय हो जाता है तो पाकिस्तान के लिए उसपर आक्रमण करना कठिन हो जाएगा, क्योंकि तब वह सीधे भारत से संघर्ष की स्थिति में आ जाएगा। यदि इस प्रक्रिया में विलंब होता है तो पाकिस्तान बिना किसी भय के शीतकाल में कश्मीर के अलग-थलग पड़ने पर आगे बढ़ जाएगा।

6. मुझे अब तात्कालिक आवश्यकता लगती है कि कश्मीर का भारत में विलय शीघ्र हो जाना चाहिए। यह भी स्पष्ट दिखाई देता है कि ऐसा तभी संभव होगा जब महाराजा और नेशनल कॉन्फ्रेंस के बीच शांति-वार्त्ता हो और दोनों मिलकर स्थिति को समझने एवं सँभालने का कार्य करें। यह आसान कार्य नहीं है, किंतु यह किया जा सकता है, क्योंकि अब्दुल्ला पाकिस्तान से अलग रहने के लिए उत्सुक हैं और इसमें परामर्श के लिए वे हम पर विश्वास करते हैं। इसके लिए अपने साथियों का सहयोग उन्हें तभी मिलेगा जब उनके पास उन्हें समझाने के लिए कोई ठोस योजना हो। ऐसा कैसे होगा, इसके बारे में अभी मैं कुछ नहीं कह सकता। मुख्य बात यह है कि महाराजा को चाहिए कि अब्दुल्ला का विश्वास और सहयोग प्राप्त करें। कश्मीर के अन्य अल्पसंख्यक

समुदायों के पास भी इसके अतिरिक्त अन्य कोई विकल्प नहीं है। मैं नहीं समझता कि महाराजा अधिकांश जन-समूह के बिना अधिक दिनों तक टिक सकेंगे। बहुत ही दु:खद होगा, यदि नेशनल कॉन्फ्रेंस निराशा और अवसर के अभाव में निष्क्रिय बनी रहे।

7. ऐसी विषम परिस्थिति में क्या होगा, कुछ नहीं कहा जा सकता। जो मार्ग मैंने सुझाया है वही मेरी समझ से सर्वाधिक उपयुक्त है और निश्चयपूर्वक फलदायी होगा। किंतु यह भी महत्त्वपूर्ण है कि इसमें विलंब नहीं होना चाहिए। समय का ध्यान अवश्य रखना होगा और किसी प्रकार की देरी शीतकाल आते-आते कश्मीर से हमें बिलकुल अलग-थलग कर देगी।

8. मैंने महाराजा को यही बात समझाने का प्रयास किया है, किंतु मुझे लगता है कि उन्होंने भी आंशिक रूप से ही इसकी सराहना की है। मुझे नहीं मालूम कि आपने उनसे क्या कहा। निश्चय ही आपकी सलाह महाजन तथा महाराजा के लिए अधिक प्रभावकारी होगी।

9. जब तक शेख अब्दुल्ला और उसके साथी कारागार में हैं, यह भविष्य के लिए हानिकर है। दुर्भाग्य है कि महाराजा आसानी से निर्णय नहीं ले पाते हैं।

10. आशा है, आप इस समस्या पर कुछ विचार कर सही दिशा में प्रगति करेंगे। हमारे पास नेशनल कॉन्फ्रेंस एक अच्छा अवसर है, बशर्ते हम इसका सही उपयोग कर सकें। इस अवसर को खोना बहुत दु:खद होगा। शेख अब्दुल्ला ने बार-बार आश्वासन दिया है कि वह हमारा सहयोग करेंगे एवं पाकिस्तान का विरोध; और हमारे परामर्श के अनुसार ही वह चलेगा।

11. मैं फिर कहूँगा कि समय बड़ा बलवान् है, अत: उचित होगा कि शेख अब्दुल्ला के सहयोग से कश्मीर का भारतीय संघ में यथाशीघ्र विलय हो जाए।

भवदीय

जवाहरलाल

माननीय सरदार वल्लभभाई पटेल

नई दिल्ली

2

सहानुभूति एवं सहयोग के लिए सरदार पटेल द्वारा महाराजा हरि सिंह को लिखा पत्र

2 अक्तूबर, 1947

प्रिय महाराजा,

आपके 26 सितंबर, 1947 के पत्र के लिए धन्यवाद । मैं 30 सितंबर को अमृतसर गया था और ठाकुर हरनाम सिंह द्वारा लाए गए आपके पत्र को जस्टिस महाजन को सौंप दिया था। मैंने जस्टिस महाजन से और भी बातें की हैं तथा पता चला है कि वह शीघ्र ही आपकी सेवा में प्रस्तुत होने वाले हैं।

हम लोगों को आपके द्वारा सभी राजनीतिक बंदियों को छोड़ने की सार्वजनिक घोषणा से अत्यंत प्रसन्नता हुई और निस्संदेह इससे आपको उन सभी लोगों का सहयोग मिलेगा, जो अभी तक अलग थे या आपके विरुद्ध थे। मैं आपकी कठिनाइयों में पूर्ण सहानुभूति के साथ आपके साथ हूँ और आपके राज्य की सुरक्षा एवं निष्ठा बनाए रखने के लिए वचन देता हूँ। मैं आपको आश्वस्त करता हूँ कि हम जो कुछ भी करेंगे, उसमें आपके राज्य का हित सर्वोपरि होगा। शेख अब्दुल्ला शीघ्र ही दिल्ली आएँगे और हमारा प्रयास होगा कि जो कुछ भी कठिनाइयाँ उनकी ओर से अब तक रही होंगी, उनका संतोषजनक समाधान हो सकेगा। तभी मैं आपको परामर्श दूँगा कि हम किस प्रकार आगे बढ़ेंगे।

फिलहाल, मैं जम्मू व कश्मीर राज्य को भारतीय संघ से टेलीग्राफ, टेलीफोन, वायरलेस तथा सड़क परिवहन से शीघ्रता से जोड़ने का प्रयास करूँगा। हम सहायता भेजने की तत्काल आवश्यकता को समझते हुए आपको विश्वास दिलाते हैं कि जो कुछ भी भला हो सकेगा, हम अवश्य करेंगे।

भवदीय

वल्लभभाई पटेल

महाराजा, जम्मू व कश्मीर

3

कश्मीर पर कबायलियों के आक्रमण के लिए पाकिस्तान द्वारा उन्हें हथियार व वाहनों की सहायता देने संबंधी दीवान शिवसरन लाल के नोट को संलग्न कर पं. नेहरू द्वारा सरदार पटेल को लिखा पत्र

प्रधानमंत्री सचिवालय
5 अक्तूबर, 1947

प्रिय वल्लभभाई,

मैं पटियाला पर अमृत कौर* से प्राप्त एक नोट की प्रति संलग्न कर रहा हूँ। उन्हें यह नोट ज्ञानचंद से प्राप्त हुआ, जो शिमला के निकट पटियाला सीमा पर कार्यरत एक विश्वसनीय व्यक्ति हैं।

मैं दीवान शिवसरन लाल के संक्षिप्त वक्तव्य की प्रति भी संलग्न कर रहा हूँ, जो सीमाप्रांत में डेरा इस्माइल खाँ के उपायुक्त हैं। वह आजकल अवकाश पर दिल्ली में हैं। वह एक निष्ठ एवं विश्वसनीय व्यक्ति हैं और सीमाप्रांत से भली-भाँति परिचित हैं। वह जो कुछ भी कहते हैं वह पूरी तरह जानकारी पर आधारित होता है। मैं कल उनसे मिलूँगा और इस विषय पर वार्त्ता करूँगा।

शिवसरन लाल के वक्तव्य के अनुसार कश्मीर राज्य पर संकट आने वाला है। हम इस संबंध में क्या कदम उठा सकते हैं, इससे मैं अनभिज्ञ हूँ। फिर भी हमें मिल-बैठकर इसपर विचार करने के बाद कुछ योजना बनानी चाहिए। मेरा विचार है कि आप कश्मीर के महाराजा को भी इस समस्या से अवगत कराएँ। महाराजा हरि सिंह को इसके बारे में पहले से ही कुछ जानकारी है। इस अतिरिक्त विवरण से उन्हें स्थिति को सही रूप में समझने में सहायता मिलेगी।

भवदीय
जवाहरलाल

माननीय सरदार वल्लभभाई पटेल
नई दिल्ली

---

* नेहरू मंत्रिमंडल में स्वास्थ्य मंत्री।

दीवान शिवसरन लाल, उपायुक्त डेरा इस्माइल खाँ, का वक्तव्य

1. एक पखवाड़ा पहले से पाकिस्तान द्वारा कबायलियों को पाकिस्तान-कश्मीर सीमा पर मलाकंद से सियालकोट भेजने की योजना शुरू की गई है।

लगभग 5 लाख कबायली जा चुके हैं तथा काफी संख्या में और भी भेजे जा रहे हैं। उन्हें सिविल व मिलिट्री ट्रकों में पाकिस्तान सरकार द्वारा भेजा जा रहा है। इस इलाके के गैर-मुसलिम लोगों से छीने गए हथियार इन कबायलियों को दिए जा रहे हैं।

सीमाप्रांत स्थित फैक्टरियाँ हथियार और गोला-बारूद बना रही हैं।

2. डीर, स्वात तथा चितराल राज्य भी उत्तर-पश्चिम की ओर से कश्मीर पर हमला करने की तैयारी कर रहे हैं।

स्वात के वली को कश्मीर देने का वादा किया गया है।

3. सीमांत इलाकों में जोर-शोर से प्रचार किया जा रहा है।

4. श्री शिवसरन लाल का मानना है कि कबायलियों में फूट डाली जा सकती है, जिससे कबायलियों को आपस भिड़ाकर रखा जा सके और उनका ध्यान पाकिस्तानी सरकार की योजना से हटाया जा सकता है।

वी.एच. कोएल्हो*

5 अक्तूबर, 1947

---

*प्रधानमंत्री सचिवालय में एक आई.सी.एस. अधिकारी।

4

कश्मीर राज्य को तत्काल गोला-बारूद भेजने के लिए सरदार पटेल द्वारा रक्षा मंत्री बलदेव सिंह को लिखा पत्र

नई दिल्ली
7 अक्तूबर, 1947

प्रिय बलदेव सिंह,

मुझे आशा है कि कश्मीर राज्य को हथियार और गोला-बारूद ट्रेनों से

भेजने का प्रबंध हो रहा होगा। यदि आवश्यकता हो तो उन्हें हवाई मार्ग से भेजने का भी उपाय किया जा सकता है।

मैं सोचता हूँ कि रक्षा परिषद् का ध्यान आपातकाल में तुरंत सैनिक सहायता भेजने की ओर होना चाहिए। यदि पाकिस्तान सरकार द्वारा किए जा रहे सैनिक हस्तक्षेप के जो समाचार सुनने में आए हैं, सही हैं, तो हमें भी समय नहीं गँवाना चाहिए। लगता है कि यह हस्तक्षेप नाजी पद्धति से होने वाला है।

भवदीय

वल्लभभाई पटेल

माननीय सरदार बलदेव सिंह

नई दिल्ली

5

मेहर चंद महाजन के कश्मीर के प्रधानमंत्री पद ग्रहण करने से संबंधित सरदार पटेल द्वारा पं. नेहरू को लिखा पत्र

नई दिल्ली

8 अक्तूबर, 1947

प्रिय जवाहरलाल,

मैं आपको काचरू का पत्र, जो मेरे पास भेजा था, वापस भेज रहा हूँ। इस पत्र के प्राप्त होने के बाद जम्मू व कश्मीर के उप-प्रधानमंत्री बत्रा यहाँ आए थे। उन्होंने मुझे बताया कि शेख व बेगम अब्दुल्ला उसी दिन 6 अक्तूबर को महाराजा से मिलने वाले थे। उन्होंने यह भी बताया कि लगभग आधे राजनीतिक बंदी पहले ही मुक्त कर दिए गए थे और शेष लोग भी अगले दो-तीन दिनों में छोड़ दिए जाएँगे।

2. हम सभी मानते हैं कि स्थिति भयावह होने वाली है। हम कश्मीर सरकार को उपलब्ध संसाधनों से हर संभव सहायता दे रहे हैं। राज्य को हमें हर प्रकार की सहायता देने में कुछ कठिनाइयाँ अवश्य आ रही हैं, किंतु मुझे विश्वास है कि जस्टिस महाजन के प्रधानमंत्री बनने के बाद स्थिति सुधरेगी। कम-से-कम वह कश्मीर पर मँडराते संकट को समझते हैं और यह भी जानते हैं कि उन्हें क्या करना है। कश्मीर सरकार को विनाश की ओर धकेलनेवाली

अनिर्णयात्मक स्थिति का अब अंत होगा। तब तक हम राज्य के हित में जो कुछ कर सकें, करना चाहिए। मैंने श्री बत्रा को समझाने का पूरा प्रयास किया है कि जहाँ तक हो सके जनमत को सरकार के पक्ष में करने की आवश्यकता है। मुझे विश्वास है कि वे स्वयं भी इस बात को समझते हैं।

3. काचरू के पत्र के अनुच्छेद 19 में जो सांकेतिक लांछन है, वह मेरी ओर इंगित है। मैं नहीं सोचता कि कश्मीर के लिए जो कुछ करना चाहिए था, वह मेरे द्वारा नहीं किया गया है और न मुझे इस बात का आभास है कि कश्मीर नीति के संबंध में आपके और मेरे बीच कोई मतभेद है। फिर भी, यह अत्यंत दुर्भाग्यपूर्ण है कि अधीनस्थ लोगों में यह धारणा फैले कि हमारे विचारों में बहुत बड़ा अंतर है। यह मेरे लिए पीड़ादायक है।

भवदीय
वल्लभभाई पटेल

माननीय पं. जवाहरलाल नेहरू
नई दिल्ली

6

शेख अब्दुल्ला को अपने पक्ष में कर जन-समर्थन प्राप्त करने, राज्य में विघटनकारी तत्त्वों को कुचलने की सम्मति हेतु सरदार पटेल द्वारा महाजन को लिखा पत्र

नई दिल्ली
21 अक्तूबर, 1947

प्रिय महाजन,

आशा है, अब तक आपको बक्शी टेकचंद (लाहौर उच्च न्यायालय के पूर्व न्यायाधीश) का पत्र मिल गया होगा, जो उन्होंने मुझसे बात करने के बाद भेजा होगा तथा जिसे मैंने शेख अब्दुल्ला से हुए प्रथम वार्त्तालाप के बाद लिखा था।

मैंने फिर उनसे बात की है। मुझे लगता है कि वह सचमुच गंभीरतापूर्वक सहयोग के लिए उत्सुक हैं और राज्य को बाहरी खतरों एवं आंतरिक विवादों से ईमानदारी से निपटाने में राज्य सरकार को सहायता देना चाहते हैं, साथ ही

वह महसूस करते हैं कि जब तक तुरंत उनके हाथ मजबूत करने के लिए, जो कुछ होना चाहिए, नहीं किया जाता तथा जनता की नजरों में उन्हें उन खतरों से निपटने के लिए शक्ति प्रदान नहीं की जाती तब तक कुछ भी करना असंभव होगा।

मैं स्वयं मानता हूँ कि शेख अब्दुल्ला जो कहते हैं, वह विचारणीय है और उपयुक्त भी है। राज्य में उत्तरदायी सरकार बनाने के लिए जो माँग बढ़ रही है, उसे आप त्रावणकोर एवं मैसूर में देख चुके हैं। अपने आपको एक तरफ बचाए रखना आपके लिए असंभव है। बाहरी खतरों तथा आंतरिक छटपटाहट, जिससे आप जूझ रहे हैं, से निपटने के लिए केवल सेना ही काफी नहीं। हमने अपनी ओर से शपथ ली है कि आपकी भरसक सहायता करेंगे। किंतु हमें आशंका है कि बिना जन-सहयोग के, विशेषकर बहुमतवाली जनसंख्या के सामूहिक सहयोग के, उन विनाशकारी तत्त्वों को नष्ट करने में सहायता करना असंभव होगा। मैं यह भी नहीं सोचता हूँ कि आप किसी एक समुदाय के एकाधिकार के आधार पर अधिक दिनों तक सुरक्षाकर्मियों पर अपनी पकड़ बनाए रख पाएँगे। आपके लिए आवश्यक होगा कि इन सेनाओं या जो लोग विश्वास और निष्ठा से सहयोग देना चाहते हैं, उनपर विशेष ध्यान दें।

इन परिस्थितियों में मेरी निष्ठा और स्पष्ट राय है कि शेख अब्दुल्ला को अपने पक्ष में करने का प्रयास करें।

भवदीय
वल्लभभाई पटेल

मेहर चंद महाजन
कश्मीर के प्रधानमंत्री,
श्रीनगर

7

कश्मीर राज्य में बिगड़ती परिस्थितियों के संबंध में मेहर चंद महाजन द्वारा सरदार पटेल को लिखा पत्र

श्रीनगर
23 अक्तूबर, 1947

प्रिय सरदार पटेलजी,

राज्य में संवैधानिक स्थिति के विषय में मैंने आपके विचारों पर ध्यान दिया है, किंतु राज्य की वर्तमान स्थिति ऐसी है कि किसी के पास भी राजनीतिक विषय पर सोचने के लिए क्षण भर का समय नहीं है। हम व्यावहारिक रूप से हर क्षण युद्ध स्तर पर काम कर रहे हैं। समय का हर पल प्रतिदिन सीमा पर बिगड़ती स्थिति में लग जाता है। व्यावहारिक रूप से मुसलिम सैनिकों व पुलिस कर्मचारियों ने अपने कर्तव्यों को त्याग दिया है या ठीक ढंग से कार्य नहीं कर रहे हैं। जिस सहायता का आपने आश्वासन दिया था, अभी तक प्राप्त नहीं हुई है। संभवत: आप मुझसे सहमत होंगे कि संवैधानिक मामलों पर सोचने के लिए समय मिलना कठिन है।

भवदीय
मेहर चंद महाजन

माननीय सरदार वल्लभभाई पटेल
नई दिल्ली

8

पाकिस्तान द्वारा कश्मीर में घुसपैठ के संबंध में महाराजा हरि सिंह द्वारा लॉर्ड माउंटबेटन को लिखा पत्र

26 अक्तूबर, 1947

माननीय माउंटबेटन,

मैं आपको सूचित कर रहा हूँ कि मेरी रियासत में आपातकाल जैसी स्थिति उत्पन्न हो गई है। हमारा आपकी सरकार से तुरंत सहायता के लिए निवेदन है। जैसा कि महामहिम को पता है, जम्मू व कश्मीर राज्य न भारत में मिला है, न

पाकिस्तान में। भौगोलिक रूप से मेरी रियासत की सीमाएँ सोवियत समाजवादी गणतंत्र तथा चीन से मिलती हैं। विदेशी संबंधों में भारत व पाकिस्तान इस तथ्य की अनदेखी नहीं कर सकते हैं। मुझे यह निर्णय लेने के लिए कुछ समय चाहिए कि किस देश के साथ अपनी रियासत का विलय करूँ या क्या यह उन दोनों देशों तथा मेरी रियासत के हित में नहीं होगा कि यह राज्य स्वतंत्र रहे? निश्चित रूप से दोनों ही देशों के साथ मित्रता व मधुर संबंध बनाकर इसी भावना से इस प्रकार स्थायी समझौते के लिए वार्त्ता की गई। पाकिस्तान सरकार ने इस प्रस्ताव को स्वीकार किया है। भारत सरकार की इच्छा मेरी सरकार के प्रतिनिधियों से इस संबंध में आगे वार्त्ता करने के पक्ष में है। इस प्रगति को ध्यान में रखते हुए मैं इसे स्वीकार नहीं कर सका। वास्तव में पाकिस्तान सरकार स्थायी समझौते के अंतर्गत इस राज्य में डाक व तार व्यवस्था संचालित कर रही है। यद्यपि इस संबंध में किसी प्रकार की स्थायी व्यवस्था नहीं की गई है। उस सरकार ने खाद्यान्न, नमक व पेट्रोल आदि के संभरण में बढ़-चढ़कर कार्य करना शुरू कर दिया है।

अफरीदी सैनिकों को सादे वेश में आधुनिक शस्त्रों के साथ आतंकवाद फैलाने के उद्देश्य से जम्मू व कश्मीर राज्य में घुसपैठ के लिए अनुमति दी गई है। पहले पुंछ इलाके से, फिर सियालकोट से और अंत में बड़ी संख्या में हजारा जिले से लगे क्षेत्र और रामकोट की तरफ से। उसका परिणाम यह हुआ है कि राज्य में उपलब्ध सीमित सेना को छितराना (बाँटना) पड़ा और उसे अनेक स्थलों पर एक साथ शत्रुओं से मुकाबला करना पड़ा। इससे जान-माल की रक्षा करने में भारी कठिनाई आ रही है। महुरा बिजलीघर, जो पूरे श्रीनगर को विद्युत् की आपूर्ति करता है, को पूरी तरह जला दिया गया है। असंख्य महिलाओं का अपहरण एवं बलात्कार हुआ है, जिससे मेरी आत्मा को बहुत दु:ख हो रहा है। राज्य में इस प्रकार से जंगली फौज को खुला छोड़कर मेरे राज्य की ग्रीष्मकालीन राजधानी श्रीनगर पर अधिकार जमाने की कोशिश हो रही है। दूर-दूर के स्थानों, जैसे—उत्तरी-पश्चिमी सीमाप्रांत से निरंतर मोटरगाड़ियों में भरकर मानेसर-मुजफ्फराबाद रोड से हथियारबंद कबायलियों की बहुत बड़ी संख्या में घुसपैठ कराई जा रही है। यह सब उत्तरी-पश्चिमी सीमाप्रांत से लगी पाकिस्तान सरकार की शह के बिना संभव नहीं है। मेरी सरकार द्वारा बार-बार अपील करने पर भी इन्हें रोकने की कोई कोशिश नहीं की जा रही है। सच तो यह है कि पाकिस्तान के रेडियो एवं प्रेस में इन सब घटनाओं को घोषित किया जा रहा है। पाकिस्तानी रेडियो ने तो एक कहानी भी गढ़ ली है कि

कश्मीर में प्रांतीय सरकार गठित की गई है। मेरी रियासत के लोगों—मुसलमान व गैर-मुसलमान—ने इस सब में किसी प्रकार से भाग नहीं लिया है।

इस प्रकार मेरी रियासत में भी आपातकाल जैसी स्थिति पैदा हो गई है। मेरे पास भारत सरकार से सहायता माँगने के अतिरिक्त कोई विकल्प नहीं रह गया है। स्वाभाविक है कि वे मेरी माँग पर कुछ भी नहीं भेज सकते हैं, जब तक कि मेरी रियासत का भारत संघ में विलय नहीं हो जाता। इसलिए मैं विलय स्वीकार के घोषणा-पत्र की एक प्रति आपको प्रेषित कर रहा हूँ। इसका एक ही विकल्प है कि मैं रियासत और प्रजा को लुटेरों के हवाले छोड़कर कहीं बाहर चला जाऊँ। ऐसी दशा में कोई भी सभ्य सरकार नहीं रह सकती और न चलाई जा सकती है। इस विकल्प को मैं कभी स्वीकार नहीं करूँगा, जब तक कि मैं रियासत का शासक हूँ। जीवित रहने तक मैं अपने देश की रक्षा करूँगा।

मैं आपकी सरकार को सूचित कर रहा हूँ कि मेरी इच्छा तुरंत एक आंतरिक सरकार गठित करने की है और शेख अब्दुल्ला इस आपातकाल में मेरे प्रधानमंत्री के साथ यह उत्तरदायित्व ग्रहण करें।

यदि मेरी रियासत को बचाना है तो श्रीनगर को तुरंत सहायता भेजी जानी चाहिए। श्री वी.पी. मेनन इस गंभीर स्थिति से अवगत हैं और यदि किसी प्रकार की व्यवस्था की आवश्यकता हो तो वे स्वयं आपको अवगत कराएँगे।

आपका कृपाकांक्षी
हरि सिंह

महामहिम लॉर्ड माउंटबेटन

9

लॉर्ड माउंटबेटन द्वारा सरदार पटेल को लिखा पत्र

गवर्नमेंट हाउस,
नई दिल्ली
27 अक्तूबर, 1947

प्रिय उप-प्रधानमंत्रीजी,

मुझे जनरल रीस से अभी ज्ञात हुआ है कि हमारी सेनाएँ कुशलतापूर्वक श्रीनगर में उतर चुकी हैं और बारामूला से आगे बढ़ते हुए कबायलियों का

सामना करने के लिए कूच कर रही हैं।

इसमें संदेह नहीं कि हम अपनी सेनाएँ एक पखवाड़ा पहले श्रीनगर भेज सकते अथवा जम्मू में स्थित राज्य की सेनाओं को श्रीनगर भेज सकते तो समस्या तुलनात्मक रूप से कुछ हलकी होती। मैं आपको बताना चाहता हूँ कि यह एक बड़ा ही जोखिम भरा काम है तथा घुसपैठियों को श्रीनगर से बाहर रोक सकने के अवसर उपयुक्त नहीं हैं।

सौभाग्य से, लगता है कि कबायली वहाँ पर लूट-खसोट में व्यस्त हैं, क्योंकि वहाँ गैर-मुसलिम जनसंख्या बहुत ही सीमित संख्या में है। वे अपने ही धर्मावलंबियों का कत्ल कर रहे हैं। जबकि भारतीय उनके विरुद्ध शेख अब्दुल्ला की सहायता कर रहे हैं। मुझे लगता है कि इससे हमें राजनीतिक लाभ होगा और यदि शेख अब्दुल्ला की सेना को इसी प्रकार संचालित किया जा सके तो घुसपैठियों को अधिक लूटपाट करने से पूर्व ही खदेड़ा जा सकेगा।

आपका शुभचिंतक

माउंटबेटन

माननीय सरदार वल्लभभाई पटेल

10

कश्मीर मामले पर सरदार पटेल द्वारा वी.टी. कृष्णमाचारी को लिखा पत्र

नई दिल्ली

3 नवंबर, 1947

प्रिय कृष्णमाचारी,

आपके 25 अक्तूबर, 1947 के पत्र के लिए धन्यवाद। मैं स्वयं अति प्रसन्न हूँ कि मेरे पटियाला भाषण[1] पर प्रतिक्रिया केवल उस भौगोलिक क्षेत्र तक ही सीमित नहीं थी जहाँ वह दिया गया था, अपितु अन्य क्षेत्रों में भी जहाँ तक यह पहुँचा। मैं आशा करता हूँ कि आप संविधान सभा की बैठक में यहाँ आएँगे तब हम मिलकर कुछ बातों पर चर्चा करेंगे।

निस्संदेह, आप कश्मीर के नवीनतम विकास कार्यों (घटनाक्रम) से

परिचित रहते हैं। महाराजा हमारे पास बहुत विलंब से आए।[2] यदि एक दिन का विलंब और हो जाता तो स्थिति अनियंत्रित हो जाती। जैसा भी है, हमारे सामने बड़ा ही कठिन कार्य है; किंतु हम राज्यों की समस्याओं, जैसे—कश्मीर, हैदराबाद और जूनागढ़ से घिरे हुए हैं।

हाँ, यह दुःख का विषय है कि वेंकटाचारी को जोधपुर छोड़ना पड़ा; किंतु हमने उन्हें मध्य भारत में संभागीय आयुक्त नियुक्त कर दिया है।

सादर,

भवदीय
वल्लभभाई पटेल

श्री वी.टी. कृष्णमाचारी
प्रधानमंत्री,
जयपुर स्टेट, जयपुर

---

1. इस भाषण में सरदार पटेल ने राज्य की जनता से अपील की थी कि अपने शासक की सद्भावना व सहयोग के द्वारा अच्छे उत्तरदायी शासन की स्थापना करें।
2. कश्मीर के भारत में विलय की इच्छा, जो 27 अक्तूबर, 1947 को स्वीकार की गई।

11

कश्मीर के भारत में विलय पर वी.टी. कृष्णमाचारी द्वारा सरदार पटेल को लिखा पत्र

जयपुर,
राजपूताना
10 नवंबर, 1947

माननीय सरदार पटेल,

आपके 2 नवंबर के पत्र के लिए बहुत-बहुत धन्यवाद। खेद की बात है कि महाराजा कश्मीर ने सहायता माँगने में इतना विलंब किया। यह कश्मीर का दुर्भाग्य रहा है कि वह कभी अपनी बात को निर्णयात्मक रूप में नहीं रख सका, यद्यपि उसकी भावना शुद्ध रही है।

गत मार्च में मैंने काक* पर संविधान सभा में शामिल होने के लिए जोर

डाला—यह कहकर कि यदि विभाजन हुआ तो कश्मीर स्वयं को कठिन स्थिति में पाएगा। मैंने उन्हें श्रीनगर में पत्र भी लिखा, किंतु उन्होंने जान-बूझकर इसे टाल दिया।

यह ईश्वरीय वरदान है कि प्रारंभिक बाधाओं के होते हुए भी कश्मीर की स्थिति में पर्याप्त सुधार हुआ है। कश्मीर व अन्य सभी भारतीय रियासतें आपकी और भारत सरकार की कृतज्ञ हैं कि समय पर सहायता पहुँची, जिससे कश्मीर की पावनता को बचाया जा सका।

व्यक्तिगत रूप से मुझे कश्मीर विलय पर अपार प्रसन्नता है। मुझे नहीं लगता कि इस आक्रमण के बाद और उसके कारण हुई हानि व पीड़ा सहने के बाद भी लोग पाकिस्तान में जाना पसंद करेंगे।

मुझे आशा है कि हैदराबाद तथ्यों की अपरिहार्यता को समझेगा और भारत में विलय करेगा। मुझे प्रसन्नता है कि वेंकटाचारी को मध्य भारत का संभागीय आयुक्त नियुक्त किया गया है; किंतु जोधपुर में उनका स्थान भर पाना कठिन होगा।

मैं 16 तारीख से दो-तीन दिन के लिए दिल्ली में रहने की अपेक्षा करता हूँ तथा आपसे मिलना और कुछ मामलों में आपके साथ वार्त्ता करना चाहता हूँ।

सादर,

भवदीय

वी.टी. कृष्णमाचारी

माननीय सरदार वल्लभभाई पटेल
नई दिल्ली

---

* पं. रामचंद्र काक—जम्मू व कश्मीर के तत्कालीन प्रधानमंत्री।

12

पाकिस्तानी कब्जे से कश्मीर का कुछ भाग छुड़ाने के लिए कठोर कारर‌वाई करने के संबंध में पं. नेहरू को लिखे अपने पत्र की प्रतिलिपि भेजने पर मेहर चंद महाजन द्वारा सरदार पटेल को लिखा पत्र

जम्मू
30 नवंबर, 1947

प्रिय सरदार पटेल,

मैं अपने पत्र, जो आज ही पं. नेहरू को भेजा है, की एक प्रति आपको सूचनार्थ संलग्न कर रहा हूँ।

भवदीय
मेहर चंद महाजन

माननीय सरदार वल्लभभाई पटेल
नई दिल्ली

संलग्नक-1

संलग्नक

जम्मू
30 नवंबर, 1947

प्रिय पंडितजी,

यहाँ वापसी पर पता चला कि जनता को हटाए जाने, भारतीय सेना द्वारा छावनी खाली करने तथा शत्रु द्वारा मीरपुर को पूरी तरह तहस-नहस कर देने के बाद नगर के लोगों में घबराहट फैल गई है। राज्य में ये दो महत्त्वपूर्ण स्थान थे। इनपर पुनः अधिकार करना बिना किसी ठोस कारर‌वाई के आसान नहीं होगा।

मीरपुर के इस पार भीमपुर से राजौरी तक के संपूर्ण सीमा क्षेत्र पर शत्रु ने अधिकार कर लिया है और अखनूर की ओर बढ़ रहा है। इससे फिर घबराहट फैल गई है। पूरा क्षेत्र खाली कर दिया गया है तथा हजारों की संख्या

में शरणार्थी जम्मू शहर में आते जा रहे हैं। यहाँ पर भी लोगों में बेचैनी है और वे शहर छोड़कर जा रहे हैं।

अब स्थिति यह है कि गिलगित शत्रु के कब्जे में है। मुजफ्फराबाद जिला उनके अधिकार में है। पुंछ शहर के अतिरिक्त पूरा पुंछ क्षेत्र भी उनके अधिकार में है तथा मीरपुर जिले व जम्मू के कुछ भाग पर भी उन्होंने अधिकार कर लिया है। यह अत्यंत असंतोषजनक स्थिति है और केवल आपके निर्देशों पर ही इन क्षेत्रों पर पुनः अधिकार किया जा सकता है। यहाँ पर अनुभव किया जा रहा है कि राज्य का इतना विशाल क्षेत्र शत्रु के हाथों में चले जाने का कारण हमारी ओर से पाकिस्तान के साथ समझौता-वार्त्ता संतोषजनक न हो पाना है।

आपने जो प्रस्ताव मुझे दिए थे, उनपर संभावित प्रतिक्रिया इस प्रकार है—

> "हम भारतीय संघ के हाथों में हैं और जो भी निर्णय वे करेंगे, उन्हें मानना ही होगा, हम उनके साथ मिल गए हैं। यदि जनमत-संग्रह हमारे विरुद्ध जाता है तो परित्याग करने के अतिरिक्त हमारे पास कोई विकल्प नहीं। हम कभी भी पाकिस्तान के साथ नहीं रहेंगे। हिंदू व सिख समुदाय पूरी तरह मिटा दिया जाएगा और इस स्थिति की आशंका के कारण भारतीय सेना को राज्य नहीं छोड़ना चाहिए, जब तक कि यहाँ की जनता अन्यत्र नहीं ले जाई जाती। यहाँ जनमत-संग्रह पर घोर निराशा है। जनमत-संग्रह के पाकिस्तान के विरुद्ध जाने पर भी समस्या का अंत नहीं होगा और युद्ध चलता रहेगा।"

मैं शासकों को प्राप्त विशेषाधिकार विषय पर प्रधानमंत्री और अन्य राज्यों के शासकों के साथ वार्त्ता हेतु 5 दिसंबर को दिल्ली आना चाहता हूँ। तब मैं स्वयं पूरी स्थिति को स्पष्ट करूँगा।

भवदीय

मेहर चंद महाजन

माननीय पं. जवाहरलाल नेहरू
नई दिल्ली

13

जम्मू-कश्मीर में शेख अब्दुल्ला की हिटलरशाही गतिविधियों की शिकायत के साथ मेहर चंद महाजन द्वारा सरदार पटेल को लिखा पत्र

जम्मू-तवी
11 दिसंबर, 1947

प्रिय सरदार पटेलजी,

यहाँ का प्रशासन हिटलरशाही तरीकों से चल रहा है जिससे बदनामी हो रही है। अत: मैं जितनी जल्दी इसे छोड़ूँ उतना ही अच्छा होगा, क्योंकि मैं किसी भी प्रकार से इस गैंग से मिलकर काम नहीं कर सकता। यहाँ कानून-व्यवस्था नाम की चीज नहीं रह गई है। मैं असंख्य हिटलरशाही तरीकों में से कुछ उदाहरण देना चाहूँगा—

1. उच्च न्यायालय को काम नहीं करने दिया जा रहा है। मुख्य न्यायाधीश ने कहा कि उच्च न्यायालय जम्मू में खुले। इस आदेश को नहीं माना जा रहा है। डेढ़ महीने से कोई उच्च न्यायालय नहीं है। एक न्यायाधीश है, जो यहाँ समय बिता रहा है। दूसरा श्रीनगर में है तथा मुख्य न्यायाधीश कलकत्ता में हैं। प्रशासन के अध्यक्ष को उच्च न्यायालय के कार्यों में हस्तक्षेप करने का अधिकार नहीं है, फिर भी वह यह सब कर रहा है।

2. जम्मू का गवर्नर स्थानांतरित हुआ था, फिर निलंबित किया गया और बाद में उसे सीमित कार्य दिया गया। बड़ी संख्या में अधिकारी जेलों में हैं। मैंने सुझाव दिया था कि उनपर लगे अभियोगों की जाँच के लिए आयोग गठित किया जाए, पर उसपर कोई काररवाई नहीं हुई। लोग तथा उच्च पदस्थ अधिकारी जाँच-पड़ताल और अभियोग चलाए बिना जेलों में न रखे जाएँ।

3. बड़ी संख्या में अन्य व्यक्ति भी जेलों में हैं। उनकी कोई पूछताछ या जाँच नहीं की गई है। यह किसी भी अधिनायकवादी देश से अधिक दमनीय शासन व्यवस्था है।

4. महामहिम ने आदेश दिया कि कुछ कार्यालय जम्मू में रहें। इसपर भी कोई काररवाई नहीं हुई, जबकि एक माह व्यतीत हो चुका है।

5. शेख अब्दुल्ला ने महाराज से कुछ अधिकारियों के विषय में बात

की, जिन्हें महाराजा द्वारा पाकिस्तानी होने के संदेह में जेल में रखा गया था। किंतु उन्हें वापस कार्यालय में भेज दिया गया और एक को महाराजा की इच्छा के विरुद्ध विशेष आदेश से गवर्नर नियुक्त किया गया।

6. अब्दुल्ला स्वयं नियम-कानून बना रहे हैं—ये सब कुशासन के कुछ उदाहरण हैं। ये कई गुना बढ़ सकते हैं। हर किसी को गिरफ्तार करने की धमकियाँ दी जा रही हैं, यहाँ तक कि मुझे भी। इस प्रकार का कुशासन कब तक चलेगा!

सादर,

भवदीय

मेहर चंद महाजन

सरदार वल्लभभाई पटेल

नई दिल्ली

14

गोपालस्वामी आयंगर को भेजे अपने पत्र की प्रतिलिपि के साथ महाराजा हरि सिंह द्वारा सरदार पटेल को लिखा पत्र

राजभवन,

जम्मू-तवी

17 दिसंबर, 1947

माननीय सरदार पटेलजी,

मैं आपके ध्यानार्थ इस पत्र के साथ एक पत्र की प्रति भेज रहा हूँ, जिसे मैंने श्री गोपालस्वामी को लिखा है। इस मामले में मैं आपकी सहमति पर निर्भर हूँ। मुझे आशा है कि आपको युवराज* की अमेरिका यात्रा संबंधी मेरा पत्र मिल गया होगा।

सादर,

भवदीय,

हरि सिंह

सरदार वल्लभभाई पटेल

नई दिल्ली

संलग्नक

राजभवन,
जम्मू-तवी
17 दिसंबर, 1947

प्रिय गोपालस्वामी,

शनिवार व रविवार को आप मुझसे भेंट करने आए, इसके लिए धन्यवाद। आपके साथ हार्दिक व मित्रतापूर्ण ढंग से राज्य में लागू किए जानेवाले सुधारों पर हुई स्वतंत्र व स्पष्ट वार्त्ता से मैं प्रसन्न हूँ।

जिन अनेक बिंदुओं पर हमारे बीच चर्चा हुई, मैं उन्हें अंतिम रूप से लिखकर आपके सूचनार्थ भेज रहा हूँ।

जहाँ तक एक अंतरिम सरकार के गठन की बात है, मैंने कहा कि मैसूर के मामले जैसा मेरा विचार नहीं था, अपितु भारत सरकार की ओर से एक सुझाव था। भारत के प्रधानमंत्री ने मुझे विलय संबंधी पत्र में लिखा कि मुझे मैसूर मॉडल के समान* अंतरिम सरकार गठित करनी चाहिए।

जब भारतीय प्रधानमंत्री का पत्र मुझे मिला तो मैंने मैसूर मॉडल को स्वीकार किया, क्योंकि मेरे विचार से शीघ्र ही सभी राज्यों में लोकप्रिय सरकार गठित होनी चाहिए थी तथा शासकों को अपनी जनता को उत्तरदायी सरकार देनी चाहिए थी। मैं अपने वचन व घोषणा पर अडिग हूँ। शेख अब्दुल्ला ने अपने कुछ भाषणों—जो मेरे ध्यान में आए—में मैसूर मॉडल को स्वीकार किया, जैसा कि मेरे द्वारा भी स्वीकार किया गया।

मैसूर के संविधान में दूसरा विषय है कि अंतरिम सरकार एक मंत्रिमंडल के रूप में कार्य करेगी और दीवान के साथ कार्यरत होगी। मंत्रिमंडल के निर्णय बहुमत के आधार पर होंगे। मंत्रिमंडल की बैठकों की अध्यक्षता दीवान करेगा। मैसूर की लोकप्रिय पार्टी का नेता मुख्यमंत्री कहलाता है।

जैसा कि आपने सुझाव दिया था, मैं उसे प्रधानमंत्री का पद देने के लिए तैयार हूँ और मेरी ओर से मनोनीत दीवान ही मंत्रिमंडल की बैठकों की अध्यक्षता करेगा। मूल विलय पत्र, जो मैंने लॉर्ड माउंटबेटन को लिखा था, में स्पष्ट लिखा था कि शेख अब्दुल्ला अंतरिम सरकार गठित करेंगे और मेरे प्रधानमंत्री के साथ काम करेंगे। तब यह समझा गया कि शेख अब्दुल्ला

प्रधानमंत्री नहीं होंगे। आपके विचार से शेख अब्दुल्ला को संतुष्ट करना आवश्यक है, अतः मैं इस संबंध में पद-परिवर्तन करने के लिए तैयार हूँ।

---

* मैसूर राज्य के प्रशासक द्वारा अपनाई गई सुधार योजना।

15

कश्मीर मामले का निपटारा होने तक पाकिस्तान को कुछ भुगतान नहीं किया जाए, मंत्रिमंडल के इस निर्णय के संबंध में सरदार पटेल द्वारा वित्त मंत्री आर.के. षणमुखम चेट्टी को लिखा पत्र

नई दिल्ली
22 दिसंबर, 1947

प्रिय चेट्टी,

आपके 20 दिसंबर, 1947 के पत्र के लिए धन्यवाद। जैसा कि आप जानते हैं, अब मंत्रिपरिषद् ने निर्णय लिया है कि कश्मीर समस्या हल होने तक पाकिस्तान को किसी प्रकार का भुगतान न किया जाए। इस निर्णय के अनुसार मैं आपको सूचित करूँगा कि पाकिस्तान सरकार को कब भुगतान किया जाए।

भवदीय
वल्लभभाई पटेल

माननीय आर.के. षणमुखम चेट्टी
नई दिल्ली

16

राज्यों संबंधी मंत्रालय द्वारा कश्मीर के मामलों में हस्तक्षेप पर विरोध के संबंध में पं. नेहरू द्वारा सरदार पटेल को लिखा पत्र

नई दिल्ली
23 दिसंबर, 1947

प्रिय वल्लभभाई,

गोपालस्वामी आयंगर ने 150 मोटरगाड़ियाँ पूर्वी पंजाब से कश्मीर भेजने

के संबंध में उनके और आपके बीच हुए पत्राचार की प्रतिलिपियाँ कल रात मेरे पास भेजीं।

इन्हें पढ़कर मुझे बहुत आश्चर्य हुआ। राज्यों संबंधी मंत्रालय द्वारा अपने कार्यों के संबंध में अपनाए गए सिद्धांत की प्रशंसा मैं नहीं करता। वह मंत्रालय या कोई भी अन्य मंत्रालय सत्ता के अंदर समानांतर सत्ता, उसकी कुछ क्षेत्रों में अन्य से अलग कार्य-प्रणाली, से ईर्ष्यालु नहीं हो सकता। यदि ऐसा होता तो सरकार का ताना-बाना एक ही उद्देश्य के लिए गठित न किया जाता और प्रधानमंत्री के पास कुछ भी कार्य न होता; किंतु मैं सैद्धांतिक रूप से इस प्रश्न पर अभी कुछ नहीं कहना चाहता, यद्यपि बाद में इसपर चर्चा की जा सकती है।

वर्तमान मामला कश्मीर के संबंध में है। इसमें सभी संबंधित मामले आते हैं—अंतरराष्ट्रीय, सैनिक एवं अन्य, जो राज्य मामलों के मंत्रालय की क्षमता से परे हैं। यही कारण है कि इसपर मंत्रिमंडल द्वारा समय-समय पर विचार किया जाता है और अन्य अनेक मंत्रियों द्वारा पृथक् रूप से या सामूहिक रूप से भी। इसी कारण मैंने इसपर प्रधानमंत्री के रूप में विशेष रुचि ली कि विभिन्न कार्यालयों में समन्वय स्थापित किया जाए।

गोपालस्वामी आयंगर को कश्मीर की सहायता के लिए विशेष रूप से कहा गया है और हमारे निवेदन पर वह दो बार वहाँ जा चुके हैं। उन्हें पूर्वी पंजाब तथा वहाँ की सैनिक संपदा संगठन (एम.ई.ओ.) से भी निपटना होता है। इन दोनों कारणों से तथा कश्मीर पर उनके व्यक्तिगत अनुभव व ज्ञान के आधार पर उन्हें पूरी छूट देनी पड़ेगी। तदनुसार रक्षा मंत्रालय के प्रतिनिधियों से बार-बार की वार्त्ता के पश्चात् शस्त्र व अन्य सामग्री आदि के संभरण हेतु प्रबंधन किया गया है। इस संदर्भ में मोटरगाड़ियों की तुरंत आवश्यकता बार-बार जताई गई। अंततः यह निर्णय लिया गया कि पूर्वी पंजाब सरकार से कुछ मोटरगाड़ियाँ उपलब्ध कराने के लिए कहा जाए।

मैं सचमुच नहीं समझा हूँ कि राज्यों संबंधी मंत्रालय इसमें कहाँ आता है—इसके अतिरिक्त कि उसे विभिन्न क्षेत्रों में की गई प्रगति से अवगत कराया जाता रहे। किसी भी बात पर मैं नहीं समझता कि मंत्रालय को हस्तक्षेप क्यों करना चाहिए और किए जा रहे प्रबंध में क्यों रोड़ा अटकाना चाहिए? यह सब मेरे कहने से हो रहा है और मैं अपने काम को छोड़ना नहीं चाहता, विशेषकर वहाँ जहाँ मैं अपने आपको उत्तरदायी मानता हूँ।

क्या मैं यह कह सकता हूँ कि गोपालस्वामी से जिस प्रकार का व्यवहार किया गया है वह एक साथी के प्रति शिष्टाचारपूर्ण था?

भवदीय
जवाहरलाल

सरदार वल्लभभाई पटेल

17

सरदार पटेल द्वारा खिन्न होकर पं. नेहरू को लिखा त्याग-पत्र

प्रारूप*

23 दिसंबर, 1947

प्रिय जवाहरलाल,

आपका आज का पत्र अभी-अभी सायं 7 बजे मिला और मैं आपको यह बताने के लिए यह पत्र तुरंत लिख रहा हूँ कि मुझे इससे बहुत दुःख हुआ।

आपका पत्र मिलने से पूर्व मैंने गोपालस्वामी को एक पत्र लिख दिया था (जिसकी प्रति संलग्न है)। यदि मुझे ज्ञात होता कि उसने हमारे बीच हुए पत्राचार की प्रतियाँ आपको भेज दी हैं तो मैं उन सभी पत्रों की प्रतियाँ आपको सीधे भेज देता।

आपके पत्र से स्पष्ट हो गया है कि मुझे किसी प्रकार से भी सरकार का सदस्य नहीं बने रहना चाहिए, इसलिए मैं अपना त्याग-पत्र भेज रहा हूँ। इस मंत्रालय में रहते हुए अत्यधिक कार्यभार के समय आपसे जो सद्‌भावना और शिष्टाचार मिला, उसके लिए मैं कृतज्ञ हूँ।

भवदीय,
वल्लभभाई पटेल

पं. जवाहरलाल नेहरू

---

* यह पत्र 'प्रारूप' के रूप में दिया गया है। कारण, संभवतः इसे भेजा नहीं गया था, क्योंकि सरदार पटेल को मतभेद समाप्त करने के लिए मना लिया गया था।

18

कश्मीर में राष्ट्रीय स्वयंसेवक संघ की बढ़ती गतिविधियों पर चिंता व्यक्त करते हुए पं. नेहरू द्वारा सरदार पटेल को लिखा पत्र

30 दिसंबर, 1947

प्रिय वल्लभभाई,

गोपालस्वामी ने महाराजा से प्राप्त उत्तर मुझे दिखाया। मुझे पढ़कर आश्चर्य हुआ कि महाराजा ने महाजन के जाने पर सहमति जताई है। महाजन ने स्वयं हमें कहा था कि वह अब स्वयं वहाँ नहीं रहना चाहते। इसके अतिरिक्त मुझे टेलीफोन पर एक बहुत ही चिंतनीय सूचना बक्शी ने दी है कि जो शस्त्र हमने उसे भेजे थे, वे रोक लिये गए हैं और राष्ट्रीय स्वयंसेवक संघ* के लोगों को बाँट दिए गए हैं। जब जम्मू अनिवार्य रूप से खतरे में है, उस समय बड़ी मात्रा में प्रेषित शस्त्र को रोका गया, बक्शी के होमगाड्र्स बिना राइफलों के लड़ रहे हैं और उनके पास बारूद भी कम रहता है, जिससे अनेक जवानों ने अपनी जान गँवाई हैं।

अनेक रिपोर्टों, जो मुझे प्राप्त हुई हैं, से लगता है कि बक्शी के होमगाड्र्स के मूल्य पर राष्ट्रीय स्वयंसेवक संघ की सहायता की जा रही है और खुलेआम पोस्टरों एवं अन्य उपायों से शेख अब्दुल्ला के विरुद्ध प्रचार किया जा रहा है। राज्य के दूरस्थ क्षेत्रों में, जहाँ आक्रमणकारी नहीं हैं, राष्ट्रीय स्वयंसेवक संघ के प्रतिनिधियों द्वारा दहशत पैदा की जा रही है। मैं यह सोच सकता हूँ कि महाजन की पूरी सहानुभूति उनसे और उनकी गतिविधियों से है।

यह स्थिति बहुत गंभीर है और इसे इसी तरह आगे नहीं बढ़ने दिया जा सकता। इससे आंतरिक कलह उत्पन्न होगी, जो प्रत्येक दृष्टिकोण से विनाशकारी होगी। महाराजा दुर्भाग्य से अत्यंत अदूरदर्शी हैं और अनुपयुक्त कार्य करने का उनका अपना ढंग है। अपनी भूलों के कारण पहले भी उन्हें बहुत हानि हुई है और इसपर भी उन्होंने कोई सीख नहीं ली। मुझे भय है कि वह कठिनाई में फँसेंगे—यदि वह वर्तमान स्थिति को ठीक से नहीं समझते और तदनुसार

कारवाई नहीं करते। मैं महाराजा को एक पत्र भेज रहा हूँ, जिसकी प्रति संलग्न है।

भवदीय
जवाहरलाल नेहरू

माननीय सरदार वल्लभभाई पटेल
नई दिल्ली

---

*राष्ट्रीय स्वयंसेवक संघ—सामाजिक; सांस्कृतिक संगठन, जिसकी स्थापना सन् 1925 में महाराष्ट्र में हुई, जिसका उद्‌देश्य हिंदू धर्म व संस्कृति की रक्षा करना था। समय के साथ इसका प्रसार देश के अन्य भागों में भी हो गया।

19

महाराजा हरि सिंह एवं शेख अब्दुल्ला के बीच बढ़ते मतभेद के संबंध में सरदार पटेल द्वारा पं. नेहरू को लिखा पत्र

नई दिल्ली
30 दिसंबर, 1947

प्रिय जवाहरलाल,

आपका आज का पत्र अभी-अभी मिला और तुरंत उत्तर दे रहा हूँ, क्योंकि मैं कल प्रातः असम जा रहा हूँ। जब कल महाराजा को देखा तो उन्होंने मुझे गोपालस्वामी से प्राप्त पत्र दिखाया और साथ ही उस पत्र का उत्तर भी। मैंने महाराजा से कहा कि मैंने गोपालस्वामी से ऐसा भाव जताया है कि वह महाजन को छोड़ने के लिए तैयार थे, किंतु उन्होंने ऐसा नहीं किया और यदि गोपालस्वामी को ऐसा कुछ आभास हुआ हो तो मिथ्या है। मैंने उन्हें तर्क दिया कि महाजन के स्थान पर किसी और स्वीकार्य व्यक्ति को लाना सभी के हित में होगा, किंतु लगा कि वह इसके लिए इच्छुक नहीं। महाजन की स्वयं जटिल स्थिति है। किंतु यदि महाराजा को मनाया जा सका तो वह निश्चित रूप से उन्हें प्रसन्नतापूर्वक छोड़ देंगे। कल रात जब मैं गोपालस्वामी से आपके यहाँ मिला तो मैंने वे सब बातें उन्हें बता दीं, जो मेरे और महाराजा के बीच हुई थीं। मैं समझता था कि उन्होंने आपसे बात कर ली होगी।

संक्षेप में, महाराजा की स्थिति यह है कि वह समझौते के अनुसार जो उन्होंने वचन दिया था, अपनी बात पूरी करेंगे और साथ ही चाहते हैं कि जो हमसे अपेक्षित है, हम भी उसे पूरा करें। हम उनका स्वभाव जानते हैं तथा होशियारी से ही फैसला करें।

बक्शी (गुलाम मोहम्मद) कल लगभग पूरे दिन मेरे पास था। वह मुझे एक जनसभा में ले गया और साथ ही दो-तीन हिंदू व मुसलिम शिष्टमंडलों से भी मिलवाया; किंतु उसने यह कभी नहीं बताया कि उसे राज्य के अधिकारियों से मिलने में कुछ कठिनाइयाँ हुई हैं अथवा हथियारों को रोक लिया गया था। वास्तव में मुझे नहीं पता था कि हथियारों का वह जखीरा राज्य सरकार के अधिकार में था।

न तो बक्शी और न ही किसी अन्य व्यक्ति ने मुझे जम्मू में आर.एस.एस. की गतिविधियों के विषय में बताया। आर.एस.एस. ने आरंभिक दिनों में जो कुछ भी किया हो, अब उन गतिविधियों के विषय में कोई साक्ष्य नहीं हैं।

स्थिति निस्संदेह गंभीर है। मेनन और मैंने उनसे (महाराजा से) जहाँ तक संभव है, तर्क किया; किंतु उनके पास शेख अब्दुल्ला के विरुद्ध शिकायतों की कई प्रकार की सूची थी कि उन्होंने उनकी अवहेलना शुरू कर दी है, यहाँ तक कि उच्च न्यायालय को बिलकुल ही अलग-थलग कर दिया। यह बहुत ही गंभीर समस्या है, किंतु आप गोपालस्वामी को फिर वहाँ भेज सकते हैं और वे उस स्थिति को एक बार फिर देख लें।

भवदीय
वल्लभभाई पटेल

माननीय पं. जवाहरलाल नेहरू
नई दिल्ली

20

आजाद कश्मीर आंदोलन पर शेख अब्दुल्ला को हिंदू व मुसलमानों की ओर से पूर्ण समर्थन पर पं. नेहरू द्वारा सरदार पटेल को लिखा पत्र

नई दिल्ली
30 दिसंबर, 1947

प्रिय वल्लभभाई,

मुझे आपका कश्मीर संबंधी आज का पत्र अभी मिला। मुझे गोपालस्वामी से भी एक नोट मिला, जिसके साथ संलग्न था कश्मीर के महाराजा द्वारा भेजा गया टेलीग्राम। इसमें कहा गया है कि वह गोपालस्वामी के सुझावों को नहीं मान सकते। इस प्रकार वहाँ पर पूरी तरह से रुकावट आ खड़ी हुई है और कुछ नहीं सूझता कि क्या करें।

मैं आपसे पूर्णतः सहमत हूँ कि मामले को महाराजा व अन्य लोगों के साथ युक्ति से सुलझाना होगा। मेरी सारी युक्ति निष्फल रही है। सबकुछ समझते हुए मैं सोचता हूँ कि शेख अब्दुल्ला व बक्शी ने स्थिति को सही दृष्टिकोण से परखा है और उन्होंने महाराजा की स्थिति को समझा है। किंतु यह नहीं भूलना चाहिए कि दोनों—हिंदू व मुसलमानों—के सहयोग के बिना वे काम नहीं कर सकते। उन्होंने हिंदुओं के सहयोग को प्राप्त करने का कठिन प्रयास तो किया है और कश्मीर में पूर्ण तथा जम्मू में कुछ हद तक सफलता प्राप्त की है। इसका प्रमाण है कि हिंदू युवक सभा आंदोलन के जिन नेताओं ने पहले शेख साहब का विरोध किया था, अब पूरी तरह से उनका समर्थन कर रहे हैं। कहने का तात्पर्य यह है कि स्थानीय अधिकांश हिंदू (बड़ी संख्या में) उसके साथ हैं, किंतु आर.एस.एस. तथा पंजाब के हिंदू भिन्न प्रकार के हैं और उनके तथा शेख अब्दुल्ला के बीच गहरी खाई है। मुझे उपाय नहीं सूझता कि इस खाई को किस तरह पाटा जाए, विशेषकर जब आर.एस.एस. पर आरोप है कि उसने जम्मू में मुसलमानों को मारने का संगठित प्रयास किया है। शेख अब्दुल्ला को कुछ सीमा तक जम्मू में मुसलमानों की सद्भावना प्राप्त करनी है। वह इसमें कुछ सफल रहे हैं और ताजा प्रमाण है कि स्थानीय मुसलिम कॉन्फ्रेंस आजाद कश्मीर आंदोलन के विरुद्ध हो गई है। आज के

सिविल व मिलिट्री गजट में इस संबंध में पूरा विवरण प्रकाशित हुआ है।

ये सारे विकास इस विश्वास के साथ हो रहे हैं कि प्रशासन में कुछ परिवर्तन हुआ है और शेख अब्दुल्ला वास्तव में इन्हें चला रहे हैं। इन अनेक तत्त्वों और शेख की पार्टी को महाजन की उपस्थिति खटकती है। मुझे संदेह नहीं कि यदि हम उन्हें इस समय किसी प्रकार समझा-बुझा भी लें और महाजन वहाँ रुके रह गए तो निरंतर विरोध व कलह होता रहेगा। इससे समस्या का हल नहीं निकलेगा। अतः मैं पुनः कहता हूँ कि इस समस्या को सुलझाने का एकमात्र उपाय कठोर काररवाई है। मैं आपके असम से आने तक कुछ न करने का प्रस्ताव रखता हूँ। किंतु घटनाएँ तेजी से घट रही हैं और मालूम नहीं कि कब क्या हो जाए।

शस्त्र बाँटने का मामला पुराना हो चुका है और अनेक बार सैनिक अधिकारियों के साथ चर्चा हो चुकी है। सर बुकर अधिक रुष्ट हैं कि बक्शी को भेजे गए शस्त्र उसे नहीं दिए गए। उन्होंने कुलवंत सिंह से इसका स्पष्टीकरण माँगा है।

भवदीय

जवाहरलाल

माननीय सरदार वल्लभभाई पटेल

नई दिल्ली

पुनश्च—मुझे अभी जम्मू (बक्शी) से संदेश मिला है कि हमलावरों ने सुचेतगढ़ पर भारी आक्रमण किया है। एक ओर कुछ दूरी पर हमारी सेना द्वारा सहायतार्थ सैनिक भेज दिए गए हैं और युद्ध चल रहा है।

21

सरदार पटेल द्वारा बंगाल के लोगों को कश्मीर की एक इंच भूमि नहीं छोड़ने का आश्वासन

5 जनवरी, 1948

...पाकिस्तान के अधिकारी लोगों को वहाँ ठहरने के लिए विवश कर रहे हैं। इस प्रकार वर्तमान स्थिति पूर्ण रूप से कठिनाइयों भरी है। आज सुबह

ही मैंने जफरुल्ला खाँ का लंबा वक्तव्य देखा है, जिसमें उन्होंने जूनागढ़ को कश्मीर के साथ जोड़ा है; किंतु उसकी कश्मीर से कोई समानता नहीं है। कश्मीर के संबंध में हम कहते हैं कि उचित यह होगा कि खुलकर युद्ध हो, न कि छद्म-युद्ध, जैसा कि चल रहा है। इसी कारण हम संयुक्त राष्ट्र संघ में गए हैं कि पाकिस्तान का अंत हो।

"किंतु जब युद्ध चल रहा है तब जनमत-संग्रह कैसे संभव है। यदि हमें तलवार के बल पर कश्मीर की सुरक्षा करनी है तो जनमत-संग्रह का प्रश्न कहाँ उठता है? मैं एक बात स्पष्ट करना चाहता हूँ कि हम कश्मीर की एक इंच भूमि किसी के लिए नहीं छोड़ेंगे।

जो लोग अनावश्यक रूप से धर्मनिरपेक्ष व हिंदू राज्य का विवाद खड़ा करना चाहते हैं, सरदार पटेल उनकी आलोचना करते हुए कहते हैं कि हिंदू राज्य के प्रश्न पर कोई गंभीर वार्त्ता नहीं होगी। किंतु एक तथ्य अविवादित है। भारत में 4.5 करोड़ मुसलमान हैं, जिनमें से अनेक ने पाकिस्तान के बनने में सहायता की है। किसी को कैसे विश्वास होगा कि वे रातोरात परिवर्तित हो जाएँगे?"

22

कश्मीर मामले पर संयुक्त राष्ट्र संघ में प्रतिनिधिमंडल भेजने के विषय पर पं. नेहरू द्वारा सरदार पटेल को लिखा पत्र

नई दिल्ली
7 जनवरी, 1948

प्रिय वल्लभभाई,

आपकी अनुपस्थिति में कश्मीर समस्या, विशेषकर संयुक्त राष्ट्र संघ में प्रतिनिधिमंडल भेजने पर, बढ़ गई है और हमें अनेक निर्णय लेने पड़े हैं। हमें आपकी अनुपस्थिति खलती रही; क्योंकि आपकी सम्मति मूल्यवान् होती, किंतु उसकी तात्कालिकता के कारण इसपर निर्णय टाला नहीं जा सकता था। संयुक्त राष्ट्र संघ के लिए गठित प्रतिनिधिमंडल का एक भाग गोपालस्वामी सहित आज दोपहर बाद 1.30 बजे दिल्ली से बंबई के लिए चलेगा। बंबई से वे कल सुबह टी.डब्ल्यू.ए. से सीधे न्यूयॉर्क पहुँचेंगे। टी.डब्ल्यू.ए. में न्यूयॉर्क

जाने के लिए स्थान पाने में हमें काफी कठिनाई झेलनी पड़ी। हमने बी.ओ.ए. सी. से अपने किसी भी व्यक्ति को कराची के रास्ते नहीं भेजना चाहा। स्थान की कमी के कारण हमें प्रतिनिधिमंडल को तोड़ना पड़ा। संभवत: बंबई से तीन कल जाएँगे और शेष बाद में।

हमें अभी नहीं मालूम कि सुरक्षा परिषद् क्या करेगी और प्रारंभिक सुनवाई कब तक चलेगी। आज की समाचार घोषणा के अनुसार पहली सुनवाई 11 या 12 या अंतत: 13 को होगी। हमारा पहला दल 10 को वहाँ पहुँचेगा।

आपको याद होगा कि पहले हम चाहते थे कि एटॉर्नी जनरल एम.सी. सीतलवाड़ के साथ एक या दो सहायक जाएँगे। बाद में सोचा कि गोपालस्वामी आयंगर को भी जाना चाहिए और संभव हो तो शेख अब्दुल्ला को भी। गोपालस्वामी आज जा रहे हैं, शेख अब्दुल्ला आज यहाँ पहुँचेंगे। वह तुरंत नहीं जा पाएँगे, अत: वह दूसरे दल के साथ जाएँगे, जो संभवत: 10 तारीख को बंबई से रवाना होगा।

हमारा प्रतिनिधिमंडल धीरे-धीरे काफी बढ़ गया है। गोपालस्वामी, सीतलवाड़ (अटॉर्नी जनरल) तथा अब्दुल्ला, विदेश मंत्रालय से कर्नल जी.एम. कौल तथा पी.एन. हक्सर तैयार किए गए हैं और सभी आवश्यक मानचित्र, पत्र तथा रिपोर्ट भी भेजे गए हैं। कौल सैनिक दृष्टिकोण से विशेषज्ञ हैं और हक्सर हमारे मंत्रालय में इस विषय पर तीन महीने से कार्य कर रहे थे। वह सुयोग्य युवक हैं और निपुण अधिवक्ता हैं, जिनकी एक समय इलाहाबाद में धूम थी।

इनके अतिरिक्त गोपालस्वामी बहुत उत्सुक थे कि उनके साथ एम.के. वेलोडी[1] भेजे जाएँ तथा उनके अपने निजी सचिव एवं जी. पार्थसारथी[2], जिन्हें उन्होंने अपनी देखरेख के लिए चुना था। मैं इस प्रतिनिधिमंडल के विस्तार से असहमत था, किंतु गोपालस्वामी की इच्छा के कारण मैं मना न कर सका। इसलिए हमने वेलोडी व पार्थसारथी को भी जाने की अनुमति दे दी। वे बाद की उड़ान से जाएँगे, क्योंकि कल केवल तीन सीटें ही उपलब्ध हैं। इन तीन सीटों पर गोपालस्वामी, सीतलवाड़ तथा कौल जाएँगे।

सीतलवाड़ बंबई के वरिष्ठ अधिवक्ता जोशी को अपने साथ ले जाना चाहते थे। मैंने उन्हें इसके लिए रोकना चाहा, किंतु अंतत: सोचा कि यदि सीतलवाड़ विशेष रुचि ले रहे हैं तो उनकी इच्छा का भी सम्मान करना होगा। उनसे कहा गया है कि पहले तो यान में स्थान नहीं। जोशी बाद में

किसी यान से जा सकेंगे अथवा वह सीतलवाड़ के पहुँचने पर न्यूयॉर्क से संदेश आने तक रुक जाएँ।

इस प्रकार हमारा प्रतिनिधिमंडल बढ़ता चला गया और मुझे पता नहीं कि अभी भी पूरा हुआ है या नहीं। यह सच है कि मामला अधिक महत्त्वपूर्ण है और हमें ऐसा कुछ नहीं करना है, जिससे हमारे प्रतिनिधिमंडल के कार्य में बाधा पड़े। केवल अनावश्यक एवं अतिरिक्त व्यक्तियों को मैं नहीं भेजना चाहता।

आपकी अनुपस्थिति में मैंने वी.पी. मेनन से वार्त्ता की और इस प्रगति के संबंध में कहा। मैं सोच रहा था कि क्या राज्यों संबंधी मंत्रालय के किसी प्रतिनिधि को भेजा जाना चाहिए? निस्संदेह, वहाँ राज्यों के संबंध में भी प्रश्न खड़े होंगे। जूनागढ़ किसी-न-किसी रूप में सामने आएगा। मामले को सीमित रखने की हमारी इच्छा होते हुए भी हमने निर्देश दिए हैं कि जूनागढ़ संबंधी कागजात भी साथ ले जाएँ।

आज के समाचार-पत्र में गजनफर अली[3] के वक्तव्य से लगता है कि वे किसी-न-किसी रूप में भारतीय राज्यों में हुए नरसंहार का प्रश्न उठाएँगे, उदाहरणार्थ—पटियाला, नाभा, कपूरथला, अलवर तथा भरतपुर के बारे में। ये सब संदर्भ से बाहर हैं और असंबंधित हैं; किंतु हमें हर तरह से तैयार रहना है, जिससे तुरंत प्रतिकार किया जा सके। इन परिस्थितियों में राज्यों संबंधी मंत्रालय से क्या कोई प्रतिनिधित्व करेगा? उसे बाद के यान से ही जाना पड़ेगा।

पाकिस्तान की ओर से जफरुल्ला खाँ[4], मोहम्मद अली[5] और एक अन्य व्यक्ति जा रहे हैं।

एक और प्रश्न उठता है। लॉर्ड माउंटबेटन ने मुझसे कहा है कि दो-तीन दिन पहले हमारे प्रतिनिधिमंडल का ठीक तरह से प्रचार-प्रसार होना चाहिए। उस समय तो मैंने कह दिया कि हम कौल से अपने जनसंपर्क अधिकारी का कार्य भी लेंगे तथा प्रतिनिधिमंडल को सहायता देने लिए कहेंगे। मैंने केवल एन.आर. पिल्लई[6] को भेजा कि वह न्यूयॉर्क में डॉ. के.एस. शेलवंकर[7] प्रतिनिधिमंडल के प्रचार का कार्य करें।

लॉर्ड माउंटबेटन के कहने पर मैंने कौल को वाइसराय के प्रेस अटैची (अलन) कैंपबेल जॉनसन से मिलने को कहा। अब मुझे लॉर्ड माउंटबेटन का पत्र मिला, जिसमें उन्होंने कहा है कि कर्नल कौल व कैंपबेल जॉनसन की वार्त्ता के बाद स्पष्ट हो गया है कि हमें एक प्रथम श्रेणी का पूर्णकालिक

जन-संपर्क अधिकारी भेजना चाहिए। कैंपबेल जॉनसन के सुझावानुसार वह सूचना विभाग के बी.एल. शर्मा की संस्तुति करते हैं। उनका कहना है कि वह मानते हैं कि शर्मा जैसा व्यक्ति ही प्रचार कार्य करने हेतु उपयुक्त रहेगा।

लॉर्ड माउंटबेटन के जोर देने पर शर्मा को भेजना उचित रहेगा, यदि आप ठीक समझें। मैं स्वयं शर्मा को नहीं जानता और साफ तौर पर कह नहीं सकता कि वह कितना उपयोगी होगा, न ही मैं यह जानता हूँ कि वह कश्मीर के विषय में भी पूरी तरह परिचित है। मुझे स्वयं सोचना चाहिए था कि कौल एवं शेलवंकर मिलकर परिस्थिति सँभाल सकते हैं, यद्यपि कौल ऐसे कार्यों के लिए विशेषज्ञ नहीं हैं। किंतु लॉर्ड माउंटबेटन इसके लिए इतने उत्सुक हैं कि मैं उन्हें मना नहीं कर सकता। किसी प्रकार से यदि शर्मा चला गया तो उसे अगले बैच में भेजा जाएगा।

मैं चाहूँगा कि आप इन सब बातों पर विचार करें और अपने विचार शीघ्र बताएँ।

भवदीय

जवाहरलाल नेहरू

माननीय वल्लभभाई पटेल

नई दिल्ली

---

1. एम.के. वेलोडी–आई.सी.एस.; सचिव, राज्यों संबंधी मंत्रालय, अक्तूबर 1947 से नवंबर 1949।
2. जी. पार्थसारथी–गोपालस्वामी के पुत्र; उप-कुलपति, जवाहरलाल नेहरू विश्वविद्यालय।
3. गजनफर अली खाँ–पाकिस्तान सरकार में मंत्री।
4. जफरुल्ला खाँ–पाकिस्तान के तत्कालीन विदेश मंत्री।
5. मोहम्मद अली–मंत्रिपरिषद् सचिव, पाकिस्तान सरकार।
6. एन.आर. पिल्लई–विदेश मंत्रालय में वरिष्ठ अधिकारी, संयुक्त राष्ट्र संघ में भारत के स्थायी प्रतिनिधि तथा बाद में कैबिनेट सचिव।
7. डॉ. के.एस. शेलवंकर–'द हिंदू', मद्रास के लंदन में संवाददाता।

23

कश्मीर के होमगाड्र्स को शस्त्र देने के संबंध में सरदार पटेल द्वारा पं. नेहरू को लिखा पत्र

नई दिल्ली
8 जनवरी, 1948

प्रिय जवाहरलाल,

असम के दौरे पर जाने से पूर्व आपने मुझे बक्शी गुलाम मोहम्मद से प्राप्त शिकायत कि हमारे द्वारा भेजे गए शस्त्र होमगाड्र्स को न देकर आर.एस.एस. को बाँटे गए हैं, पर एक सुझाव भी दिया था कि महाराजा तथा महाजन इसके लिए दोषी हैं।

मैंने महाजन की जाँच करवाई तो पता चला कि न महामहिम और न महाजन ने राज्य के सैनिक सलाहकार को इन शस्त्रों को भेजे जाने के विषय में कहा था। उन्हें इस बारे में किसी प्रकार की सूचना भी नहीं थी कि वे शस्त्र किसे मिले और किसे बाँटे गए। बाद में महाजन ने पता किया कि शस्त्र मेजर जनरल कुलवंत सिंह को दिए गए थे और उन्होंने उन शस्त्रों को बक्शी को दिया। ऐसा लगता है कि उन्होंने बक्शी के लाइट मशीनगन तथा मोर्टार के निवेदन को मानने से मना कर दिया, क्योंकि उनके उपयोग के लिए होमगाड्र्स प्रशिक्षित नहीं थे। यह भी संभावना है कि बक्शी ने उन शस्त्रों को बिना महामहिम अथवा महाजन को बताए होमगाड्र्स के लिए माँगा हो।

जहाँ तक शिकायत है कि आर.एस.एस. के कार्यकर्ता शस्त्र-सज्जित किए जाते हैं, तो दोनों—महामहिम एवं महाजन—ने प्रत्यक्ष या परोक्ष रूप से उन लोगों को देने के लिए शस्त्रों की माँग नहीं की थी। आर.एस.एस. के कुछ लोगों के प्रति शिकायत थी कि वे राज्य में मुसलमानों के विरुद्ध शरारत करते हैं। महाजन ने सभी नेताओं की बैठक बुलाई और उनसे कहा कि यह सहन नहीं होगा। इस तरह कोई शस्त्र उन्हें नहीं दिए गए, यहाँ तक कि रियासत की सेनाओं के लिए भी शस्त्र अपर्याप्त हैं। आर.एस.एस. के कुछ लोग मिलीशिया में भरती हुए हैं, जिन्हें राज्य ने खड़ा किया था; किंतु वे सैनिक अनुशासन के अंतर्गत हैं और सीमा पार युद्ध में भाग ले चुके हैं। शेख अब्दुल्ला ने उन्हें अपने नियंत्रण में लिया था। महाजन ने बताया कि उनका राज्य प्रशासन के

अधीन इस मामले से कुछ लेना-देना नहीं है।

जहाँ तक महामहिम द्वारा नियुक्त राहत समिति की बात है, ऐसा लगता है कि महाराजा ने मीरपुर तथा अन्य क्षेत्रों से आए शरणार्थियों के लिए 30 हजार रुपए दान दिए थे और इसके संचालन के लिए एक समिति गठित की थी। समिति में मुख्य आपातकालीन अधिकारी, जम्मू (चेयरमैन), कर्नल बलदेव सिंह पठानिया, लाला दीनानाथ महाजन (प्रजा सभा के एक सदस्य) तथा एक और सदस्य, जो विख्यात स्थानीय व्यक्ति हैं और आर.एस.एस. के अध्यक्ष भी हैं।

महाजन का कहना है कि महामहिम को समिति की नियुक्ति का अधिकार है और व्यक्तिगत हथियारों के वितरण का भी।

भवदीय
वल्लभभाई पटेल

माननीय पं. जवाहरलाल नेहरू
नई दिल्ली

24

सीमावर्ती क्षेत्रों में सिविल डिफेंस संगठन बनाने के संबंध में सरदार पटेल द्वारा पं. नेहरू को लिखा पत्र

नई दिल्ली
9 जनवरी, 1948

प्रिय जवाहरलाल,

मैं लाहौर स्थित गुप्तचर ब्यूरो के सूत्रों से प्राप्त रिपोर्ट की एक प्रति संलग्न कर रहा हूँ। आप देखेंगे कि वहाँ जन-साधारण को युद्ध के लिए तत्पर करने की तैयारियाँ चल रही हैं तथा उन्हें सैनिक दृष्टि से प्रशिक्षण देना स्पष्ट करता है कि कबायली क्षेत्र होने के कारण यहाँ छोटे हथियारों की कमी नहीं है। यह भी संभव है कि सर्वोच्च मुख्यालय के अधीन हमारे ही भंडारों से तस्करी कर पर्याप्त मात्रा में हथियार उड़ा लिये गए हों।

मैं नहीं समझता कि हम इसे चुपचाप बैठकर देखने की भी सोच सकते हैं। इसपर घबराने की आवश्यकता भी नहीं है; किंतु मैं यह अवश्य अनुभव करता हूँ कि तुरंत इसी प्रकार के संगठन की स्थापना एवं पाकिस्तान से लगी सीमा पर तैयारी करने से जहाँ हमारी जनता पर उत्साहवर्धक प्रभाव पड़ेगा, वहीं पाकिस्तान में हतोत्साह की भावना पनपेगी। यदि आप सहमत हों तो मैं सोचता हूँ कि इस परिस्थिति में सैनिक विशेषज्ञों से परामर्श कर किसी ठोस नागरिक सुरक्षा संगठन की व्यवस्था पूर्वी पंजाब तथा अन्य सीमावर्ती क्षेत्रों के लिए बनाई जानी चाहिए। संभवतः सुरक्षा समिति की बैठक में इसपर सम्यक् रूप से विचार करना उत्तम होगा।

भवदीय

वल्लभभाई पटेल

माननीय पं. जवाहरलाल नेहरू

नई दिल्ली

संलग्नक

लाहौर स्थित गुप्तचर ब्यूरो से सैनिक प्रशिक्षण पर प्राप्त रिपोर्ट

मुझे कुछ दिन वहाँ रहने और सियालकोट, गुजराँवाला, वज़ीराबाद, हफीजाबाद, पट्टोकी, कसूर एवं अन्य स्थानों पर जाने और लोगों से मिलकर वहाँ की स्थिति का अध्ययन करने का अवसर मिला।

यहाँ पर नेशनल गार्ड्स की भरती का अभियान पूरे जोर-शोर से चल रहा है। सभी जिला अधिकारी पूरे जोश से अधिक-से-अधिक संख्या में शारीरिक रूप से स्वस्थ लोगों को भरती करने में जुटे हुए हैं। भरती के लिए नियमित छपे हुए फॉर्म हैं। प्रत्येक शहर, नगर, देहात, पुलिस स्टेशन, मुख्यालय, बड़े गाँव या गाँवों के समूह ही इन नए भरती किए जा रहे गार्डों के प्रशिक्षण केंद्र हैं। दल-के-दल सभी जगह अभ्यास करते देखे जा रहे हैं। वे ठीक तरह से अनुशासित होकर जा रहे हैं। अकेले पश्चिमी पंजाब में ही उनकी एक लाख से अधिक संख्या है।

हर व्यक्ति कहता और सोचता है कि युद्ध अवश्यंभावी है और वे पाकिस्तान की रक्षा करने के लिए अपनी जान की बाजी लगाने जा रहे हैं। धनवान्, सामाजिक रूप से उच्च वर्ग तथा कार्यकर्ता—सभी बड़ी ईमानदारी से

अपना सर्वस्व पाकिस्तान पर बलिदान करने के लिए तैयार हो रहे हैं।

जहाँ तक जम्मू व कश्मीर का संबंध है, पाकिस्तान सरकार तथा हर मुसलमान लड़ने को इच्छुक है और उसकी रक्षा अंतिम व्यक्ति तक करना और युद्ध जीतना चाहता है। उनका नैतिक बल और उत्साह बहुत ऊँचा है। सियालकोट छावनी में मुझे ज्ञात हुआ कि वहाँ रहनेवाले आधे से अधिक सैनिक जम्मू सीमा पर युद्ध के लिए चले गए हैं। उन्हें सादे कपड़ों में भेजा जा रहा है। यही हाल अन्य स्थानों पर भी है। गाँवों में सैनिक संस्थान हैं। शारीरिक रूप से स्वस्थ हर पुरुष स्वयंसेवी सैनिक है, जो निःशुल्क सेवा व पाकिस्तान के लिए अपनी जान देने के लिए तैयार है।

पश्चिमी पंजाब में उच्च पदस्थ अधिकारी ईमानदारी से भ्रष्टाचार व अक्षमता समाप्त करने में जुटे हैं; किंतु मंत्रालय भ्रष्ट एवं अयोग्य हैं।

संलग्नक सी.एम.जी. (नागरिक व मिलिट्री गजट) में दिखाया गया है कि वे किस ढंग से इसलामिक संस्कृति एवं भावना को सभी जगह प्रसारित कर रहे हैं। पठान अभी भी महिलाओं तथा जानवरों को जम्मू-कश्मीर से हाँककर गुजरात की तरफ ले जाते हैं और आगे खुले रूप में बेच देते हैं।

कसूर में एवं फिरोजपुर-लाहौर मार्ग पर एक बहुत बड़ा शरणार्थी केंद्र बनाया गया है। उन्हें यहाँ शिविरों में रखा जा रहा है और फिर कुछ दिनों बाद पाकिस्तान की सीमा पर बसाया जाएगा। उनमें से अधिकांश के पास देशी हथियार हैं। वे भूख से मर रहे हैं, फिर भी उनमें बहुत जोश है।

राइफलें और अन्य छोटे हथियार बड़ी संख्या में बनाए जा रहे हैं। सिर पर युद्ध के बादल मँडरा रहे हैं। पिछले तीन-चार दिनों से स्थिति बड़ी तनावपूर्ण हो गई है।

जम्मू व कश्मीर मामले को संयुक्त राष्ट्र संघ में ले जाने और भारत सरकार द्वारा पाकिस्तान को भुगतान रोके जाने से बहुत उत्तेजना व्याप्त है।

31 तारीख को रेलवे स्टेशन पर एक सिख की नृशंस हत्या कर दी गई। 2 जनवरी, 1948 को लाहौर प्लेटफॉर्म पर किसी ने उसे पहचाना। एक हिंदू गुरु अर्जुन नगर के बाहर छुरा घोंपने से मारा गया।

25

सुरक्षा परिषद् में कश्मीर मामले की प्रस्तुति में की गई स्वयं की अवहेलना पर महाराजा हरि सिंह द्वारा सरदार पटेल को लिखा पत्र

राजमहल,
जम्मू-तवी
25 जनवरी, 1948

प्रिय सरदार पटेलजी,

मैं सुरक्षा परिषद् में चल रही काररवाई को बड़े ध्यान से देख रहा था और कहना चाहूँगा कि जो कुछ वहाँ पर हो रहा है, मैं उससे पूरी तरह संतुष्ट नहीं हूँ। यह सही है कि मैंने यह सब भारत सरकार के हाथों में सौंप दिया है; किंतु मैं अपेक्षा करता था कि जो कुछ भी सुरक्षा परिषद् में हो रहा है, उससे मुझे पूरी तरह अवगत कराया जाता कि हमारे प्रतिनिधिमंडल ने उसपर क्या रुख अपनाया है। दुर्भाग्य से इस मामले में मेरी अवहेलना की गई है।

यह नहीं भुलाया जाना चाहिए कि विलय का मामला मेरे लिए है या भारत सरकार की दृष्टि से मेरे और मेरी जनता के लिए। यह भारत सरकार या पाकिस्तान सरकार के निर्णय के लिए नहीं है। राज्य का किस उपनिवेश में विलय हो—ठीक से कहें तो भारत सरकार के अधिनियम के अनुसार मैं, केवल मैं यह निर्णय करने का अधिकारी हूँ और यही विचार सदा पाकिस्तान सरकार भी मानती रही है। फिर भी भारतीय उपनिवेश को जनता का सहयोग प्राप्त है। यह मामला भी पूर्णत: विदेशी है, विलय का विषय ऐसा नहीं, जिस पर पाकिस्तान हस्तक्षेप कर सके। जहाँ तक जनमत-संग्रह का प्रश्न है तथा वह किसके अधिकार से किया जाए या वोट कौन देगा आदि ऐसे विषय हैं जिन पर मैं अंतिम निर्णायक हूँ—अपनी सरकार से परामर्श करने के उपरांत। मुझे विश्वास है कि सुरक्षा परिषद् के सामने मामला प्रस्तुत करते समय भारतीय उपनिवेश इस बात का ध्यान रखेगा। मुझे लगता है कि राज्य का शासक और राज्य की सरकार तथा उनकी इच्छा का जैसा ध्यान रखा जाना चाहिए वैसा नहीं रखा जा रहा है।

जैसा कि मैंने पहले आपसे कहा था कि पंडितजी के प्रत्येक मामले में

आपकी राय ही मेरा मार्गदर्शन करेगी और मैं उसे आज भी मानता हूँ। मैं समझता हूँ कि मेरी स्थिति आप दोनों के हाथों में सुरक्षित है। मैं यह अपेक्षा तो कर ही सकता हूँ कि मुझे हर बात से पूर्णत: अवगत कराया जाएगा और मुझसे तथा मेरी सरकार से परामर्श के बिना किसी प्रकार का वचन सुरक्षा परिषद् के सामने नहीं दिया जाएगा। जैसा कि मैंने पिछले पखवाड़े में कहा था कि इस महत्त्वपूर्ण मामले पर मुझे कोई पत्र भारत सरकार या उसके प्रतिनिधिमंडल, जो अमेरिका में है, से नहीं मिला है।

सादर शुभकामनाओं सहित,

भवदीय
हरि सिंह

माननीय सरदार वल्लभभाई पटेल
नई दिल्ली

26

बी.जी. खेर द्वारा सरदार पटेल को लिखा पत्र

बंबई
30 जनवरी, 1948

प्रिय सरदार साहब,

मैं आपकी सेवा में बेलगाम में 13 जनवरी, 1948 को महाराष्ट्र प्रांतीय कांग्रेस समिति के सम्मुख दिए गए भाषण का सार, जो कन्नड़ साप्ताहिक 'संदेश' में प्रकाशित हुआ था, सूचनार्थ प्रस्तुत कर रहा हूँ।

भवदीय
बी.जी. खेर

माननीय सरदार वल्लभभाई पटेल
नई दिल्ली

संलग्नक

मेसर्स बाबूराव दलाल तथा के.वी. शापुरकर प्रकाशित करते हैं— साप्ताहिक 'संदेश' उस भाषण से, जो कथित रूप से श्री केशवराव जेढे—

अध्यक्ष महाराष्ट्र प्रांतीय कांग्रेस समिति—ने नंदगाड, बेलगाम जिला में 13 जनवरी, 1948 को दिया था। उक्त विवरण इस प्रकार है—

"1. हमारे बंबई मंत्रिमंडल ने क्या किया ? बालासाहेब हमारे प्रधानमंत्री हैं। उनके हाथ में क्या है? सारे अधिकार मोरारजीभाई के पास हैं। बहुत हुआ तो बालासाहेब वक्तव्य प्राप्त करते हैं और खुलकर हँसते हैं।

2. आज कांग्रेस में प्रभाव का बोलबाला है। मंत्रिगण अपने संबंधियों को ऊँचे पद या नौकरी देते हैं।

3. कुछ महिलाएँ उच्च पदों पर बिठा दी गई हैं, केवल इसलिए कि वे गांधीजी की प्रार्थना सभा में झाँझ-मजीरा बजा रही थीं। एक के पति को भारत का स्वास्थ्य मंत्री बनाया गया है। इस महिला का नाम श्रीमती हंसा मेहता[1] है।

4. कश्मीर पाकिस्तान में मिलाया जाएगा। कश्मीर मामले को लेकर तिल का ताड़ बनाया जा रहा है, केवल इसलिए कि कश्मीर पं. नेहरू का जन्म-स्थल है। यदि ऐसा नहीं होता तो क्या पं. नेहरू ने हैदराबाद, जहाँ हमारे सैकड़ों आदमी मर रहे हैं, की अवहेलना नहीं की ?

5. श्री डाह्याभाई[2] का कहना है कि बंबई संयुक्त महाराष्ट्र प्रदेश में नहीं मिलाया जा सकता। क्या बंबई उनकी पैतृक संपत्ति है? आजकल सारी शक्तियाँ पूँजीवादियों के पास हैं।

6. मंगलदास पकवासा[3] वल्लभभाई से भेंट करते हैं, उनके साथ कुछ व्यक्तिगत परामर्श करते हैं और उनके साक्षात्कार के दो दिन के अंदर वह गवर्नर नियुक्त किए जाते हैं। मैं यह समझने में असमर्थ हूँ कि इसमें क्या रहस्य है?

7. हमारे अधिकांश विधानसभा सदस्य कांग्रेस के टिकट पर खड़े हुए। इन बहुत गरीब एम.एल.ए. पर व्यय होनेवाला धन कहाँ से आया? पिछली बार वाल्च तथा सेठजी चुनाव में मेरे विरुद्ध खड़े हुए थे। उस समय कांग्रेस ने उसके भाई से 50 हजार रुपए लिये और उसे टिकट दे दिया। यही 50 हजार रुपए कांग्रेस के शेष एम.एल.ए. के चुनाव पर व्यय किए गए। इससे स्पष्ट होता है कि हमारे एम.एल.ए. के चुनावों में मतदान का झुकाव स्पष्ट है।

8. वर्तमान में मंत्री एम.पी. पाटिल तथा एल.एम. पाटिल कांग्रेस में कब आए? वे दोनों मेरे बाद आए।

9. जब हम हथियारों के लिए आवेदन-पत्र देते हैं तो हमें हथियार नहीं दिए जाते। क्या यह इस भय के कारण कि हम उन्हें मारवाड़ियों के विरुद्ध उपयोग में लाएँगे?

10. मैं एक श्रमिक सरकार चाहता हूँ। मैं पूँजीवादी सरकार नहीं चाहता। मेरे पास पिताजी से प्राप्त पर्याप्त धन है। मैं धन के लिए किसी के पीछे नहीं भागता। मैं शक्ति व सम्मान के लिए नहीं भटकता।''

लोग आपस में बातें कर रहे थे कि क्या श्री जेढे संयुक्त महाराष्ट्र पर बोलने वाले हैं या केवल कांग्रेस के विरुद्ध विष-वमन करेंगे?

---

1. सन् 1949-50 में बड़ौदा विश्वविद्यालय की कुलपति राष्ट्रमंडल संसदीय कॉन्फ्रेंस, 1948 के प्रतिनिधिमंडल की सदस्य।
2. वल्लभभाई पटेल के पुत्र, 1924-56; बंबई प्रांतीय कांग्रेस समिति के सदस्य, 1946-56; राज्यसभा के प्रथम चुने गए सदस्य, 1958; 1964 में पुन: चुने गए।
3. बंबई विधान परिषद् के अध्यक्ष, जुलाई 1937 से अगस्त 1947; मध्य प्रदेश के राज्यपाल तथा बंबई के कार्यवाहक राज्यपाल, 1954-55।

27

महाराजा हरि सिंह द्वारा सरदार पटेल को कश्मीर के भारत में विलय प्रस्ताव को वापस लेने की धमकी भरा पत्र

राजमहल,
जम्मू-तवी
31 जनवरी, 1948

प्रिय सरदार पटेल,

जम्मू से आपके जाने के बाद मैं यहाँ और बाहर होनेवाले कार्य-प्रगति को देखता रहा। न्यूयॉर्क से प्राप्त होनेवाले समाचार निराशाजनक थे। मेरे मस्तिष्क में अनेक विचार आए और मैंने उन्हें सहानुभूतिपूर्वक विचार करने तथा मित्रभाव से परामर्श देने के लिए आपके सम्मुख रखने का निर्णय लिया है। मैं आपकी सम्मति के बिना कोई कदम नहीं उठाना चाहता।

जैसा कि आप जानते हैं, भारतीय सेना के कश्मीर पहुँचने के बाद यहाँ सैन्य स्थिति बहुत ही निराशाजनक हो गई है। कश्मीर घाटी में जहाँ तक प्रारंभिक लाभ की उपलब्धियों की बात है तो कुल मिलाकर अब तक खाते

में खर्च ही अधिक रहा है। घाटी में भारतीय सेना 27 अक्तूबर को पहुँची थी। उस समय हमने पुंछ के तीन-चौथाई भाग पर तथा पूरे मीरपुर जिले पर अधिकार कर लिया था। तब तक हमने केवल पुंछ के छोटे-छोटे भाग तथा मुजफ्फराबाद को ही खोया था। बारामूला व उड़ी को पुनः अधिकार में लेने के बाद स्थिति जस-की-तस बनी रह गई थी। दो महीने बीत गए हैं और भारतीय सेना अभी भी उड़ी में ही है। सैनिकों ने पुंछ शहर पहुँचने का साहसिक प्रयास किया था और वे पहुँच भी चुके थे; किंतु इसके लिए उन्हें बहुत बड़ी कीमत चुकानी पड़ी और बाद में उसका मार्ग खोना पड़ा। पुंछ जागीर, जो जम्मू व कश्मीर रियासत की सेना के अधिकार में थी, को हमें इंच-इंच कर छोड़ना पड़ा। इसके बाद हमें शहर के अतिरिक्त पूरी जागीर खोनी पड़ी, जहाँ लगभग 40 हजार लोगों के साथ 4 बटालियन (3 रियासत की और 1 भारतीय) की स्थिति किसी भी प्रकार से संतोषजनक नहीं है। मैं कह सकता हूँ कि अगस्त के उपद्रवों में राज्य की सेना की दो बटालियनों के साथ हमने पुंछ को पूरी तरह मुक्त करवा लिया था और शांति स्थापित कर ली थी। प्रशासन सामान्य गति से चल पड़ा था। यह अक्तूबर के दूसरे सप्ताह की बात है, जब पुंछ में पुन: उपद्रव हुए और हमारी सेना ने करीब दिसंबर तक उसका मुकाबला किया। जब किसी प्रकार की सहायता उपलब्ध न हुई तो उन्हें पुंछ शहर तक वापस हटना पड़ा। यदि भारतीय सेना ने पुंछ में राज्य की सेना के साथ आगे बढ़ने का प्रयास किया होता तो उस क्षेत्र से हमलावरों को खदेड़ने में कोई कठिनाई न होती। मुझे लगता है कि भारतीय सेना के परामर्शदाताओं ने पुंछ में युद्ध करने की कठिनाइयों का अतिशयोक्तिपूर्ण चित्रण किया है। मैं उस क्षेत्र के कुछ भाग को स्वयं जानता हूँ और एक सैनिक के रूप में कह सकता हूँ कि पुंछ को हम हमलावरों से 15 दिन के अंदर मुक्त कराना कठिन नहीं समझते हैं—यदि आधुनिक शस्त्रों के साथ मजबूती से प्रयास किए जाएँ। किंतु उन्हें यह कार्य निर्भय होकर और साहस के साथ करना होगा।

उस समय जब भारतीय सेना मीरपुर जिले में पहुँची तो मंगला तथा झेलम नदी के तटवर्ती क्षेत्र हमारे अधिकार में थे; किंतु पिछले दो महीनों में हमने मंगला, अलीबेग, गुरुद्वारा तथा मीरपुर नगर खो दिए हैं। भिंबर नगर और देवा व बट्टाला गाँव, राजौरी शहर तथा छंब से लगा हुआ पूरा क्षेत्र और नौशेरा, झाँगर—जो मीरपुर और कोटली के लिए मुख्य द्वार हैं—भी पराजय के

बाद खो दिए हैं। यह पराजय हमारे लिए बहुत बड़ा धक्का थी। इसने भारतीय सेना के सम्मान को भी कम किया है। भारतीय सेनाओं द्वारा अभी तक एक भी शहर पर अधिकार नहीं किया है। लोग सेना को परिणामों से पहचानते हैं, न कि प्रचार से। कठुआ-सियालकोट सीमा पर आक्रमण तेज हो गए हैं। प्रतिदिन वहाँ एक या दो हमले होते हैं। अनेक गाँव जला दिए गए हैं। लोगों को लूटा गया है। महिलाओं को अगवा किया जा रहा है। हत्याएँ भी की जा रही हैं। परिणाम यह है कि सीमावर्ती गाँवों को खाली करा लिया गया है और हमारे पास लगभग 70-80 हजार शरणार्थी जम्मू नगर में एकत्र हैं। फसलें, मकान तथा मूल्यवान् वस्तुएँ खोनी पड़ी हैं। अधिकांश लोग अब जम्मू और उसके उपनगरीय क्षेत्र को खाली करना चाहते हैं और पूर्वी पंजाब जाना चाहते हैं, इसलिए स्थिति प्रतिदिन बिगड़ती जा रही है।

भारतीय सेना का नाम और सम्मान मिट्टी में मिल रहा है। मैं युद्धकालीन मंत्रिमंडल का सदस्य रहा हूँ। मैंने विश्वयुद्ध में युद्धक्षेत्रों का दौरा किया है। वहाँ भारतीय सेना का नाम सबसे ऊँचा था और अब मुझे दुःख होता है कि उस सेना का नाम पिछले कुछ दिनों से हर एक की चर्चा का विषय बन गया है। उसके सम्मान को बट्टा लग रहा है। कुछ लोगों का विचार है कि यह सेना का दोष नहीं है, अपितु उस नीति का दोष है, जिसे लागू किया जा रहा है। अन्य लोगों को लगता है कि सेनापतियों का दोष है, जो इस काम पर नए-नए आए हैं। जिन लोगों को 10 से 15 वर्ष तक रुकना था, वे जनरल बन चुके हैं और युद्ध-संचालन के लिए नियुक्त किए गए हैं। विचारों में भिन्नता होती है, किंतु तथ्य यह है कि सेना का नाम धूलि-धूसरित हो गया है। एक दिन के लिए सरदार बलदेव सिंह यहाँ आए थे। उन्होंने हमारे राजनीतिज्ञों, जनता के सदस्यों, मुझसे तथा प्रधानमंत्री से जो सुनना था, सब सुन लिया है। उन्होंने मुझसे गुप्त रूप से कहा कि कुछ काररवाई करने के आदेश उन्होंने दिए थे। मैंने उनसे कहा कि केवल आदेश देने से कुछ नहीं होता, जब तक कि उसपर काररवाई नहीं होती। जब आप हमारे साथ यहाँ दो दिन रहे तो कई निर्णय लिये गए थे और आपने कुछ पर निर्देश भी दिए थे; किंतु आपके जाने के बाद उनपर कोई काररवाई नहीं हुई और जैसा मैंने कहा कि हम पर अधिक भारी आक्रमण हुए। पाकिस्तान के प्रयासों से उसको प्रतिदिन लाभ हो रहा है। सफलता से उसका मनोबल बढ़ रहा है। वे संपत्ति लूटते हैं, जानवरों व औरतों को उठा ले जाते हैं और जब वापस पाकिस्तान

जाते हैं तो अन्य लोगों को उकसाते हैं कि देखो, हम कितना लूट का सामान लाए हैं तथा कश्मीर में आक्रमण करने से कितना लाभ है। दूसरी ओर, हमारा मनोबल तेजी से गिर रहा है। जहाँ तक जनता का प्रश्न है, तो वह पूरी तरह से हताश हो चुकी है। मनोबलहीन वे लोग आक्रमण की अफवाह मात्र से ही घर छोड़कर भाग जाते हैं। दूर-दूर रहनेवाले 5-6 मील के गाँवों से भी भाग जाते हैं। जहाँ तक भारतीय सेना की बात है, वे अपने नियत स्थान पर डटे रहकर हमलावरों का सामना करते हैं। उनसे मिलने के लिए कोई चलती-फिरती सैनिक टुकड़ी नहीं है। यह काम थोड़े से होमगार्ड्स पर छोड़ दिया गया है या फिर राज्य की थकी-माँदी दो-एक प्लाटून पर। उनके द्वारा 500-1000 हमलावरों का सामना किस प्रकार किया जा सकता है? पिछली बार आपने यहाँ गुरिल्ला भेजने का आदेश दिया था, जो इस काम को करते। जहाँ तक मैं जानता हूँ, यहाँ कोई गुरिल्ला नहीं पहुँचा। कुछ होमगार्ड्स तैयार किए गए हैं, किंतु उन्हें अपने घर भी देखने हैं और वे उन्हीं गाँवों या स्थानों में रहते हैं। फिर उनमें से अधिकांश प्रशिक्षित नहीं हैं, अतः प्रशिक्षित सैनिकों का सामना नहीं कर सकते। यह काम तो मुख्यतः सेना तथा संगठित गुरिल्लाओं का है, होमगार्ड्स तो केवल सहायक होते हैं।

अतः ऐसी परिस्थिति में शासक होने के नाते मेरी स्थिति अत्यंत किंकर्तव्यविमूढ़-सी हो जाती है। राज्य के घबराए हुए लोग तार भेजकर सहायता की याचना करते हैं। हमारा नागरिक प्रशासन अब नेशनल कॉन्फ्रेंस तथा सैनिक कार्य भारत सरकार के अधीन है। नागरिक या सैनिक किसी भी क्षेत्र में मेरा अब कोई भी अधिकार नहीं है। जम्मू व कश्मीर रियासत की सेनाएँ भी भारतीय सैन्य कमांडरों के अधीन हैं। अतः मुझे यह विषम स्थिति असहाय होकर केवल देखनी भर है—महिलाओं का अपहरण, लोगों की हत्या, उनकी कुछ भी सहायता न कर पाना। लोग नित्य सहायता के लिए मेरे पास आते हैं। आप मानेंगे कि मेरी स्थिति दिन-प्रतिदिन बहुत ही दयनीय होती जा रही है। सैन्य स्थिति प्रतिकूल है तथा शरणार्थियों की संख्या बढ़ती जा रही है, पाकिस्तानी आक्रमण बढ़ रहे हैं और हम उनका मुँहतोड़ जवाब नहीं दे पा रहे।

सैन्य स्थिति के अतिरिक्त संयुक्त राष्ट्र संघ में मामले को भेजना और उसमें हो रही कारवाई, जिस पर गरमागरम चर्चा से भारी अस्थिरता और असमंजस केवल मुझे ही नहीं, अपितु प्रत्येक हिंदू व सिख तथा उन्हें, जो

नेशनल कॉन्फ्रेंस से संबंधित हैं, भी हुआ। आम धारणा बन रही है कि संयुक्त राष्ट्र सुरक्षा परिषद् प्रतिकूल निर्णय लेगी और बाद में उस निर्णय के आधार पर राज्य को पाकिस्तान में मिला लिया जाएगा। इसीलिए हिंदू व सिख संयुक्त राष्ट्र संघ के निर्णय की इस आशंका के कारण पहले ही जम्मू व कश्मीर से पलायन करने लगे हैं। नेशनल कॉन्फ्रेंस के नेता भी मानते हैं कि कहीं उन्हें भी सुरक्षा परिषद् के निर्णय को मानने के लिए विवश और अपमानित न होना पड़े, जो उनके लिए विनाशकारी होगा। मेरी अपनी स्थिति इस मामले में संकटग्रस्त है। आप जानते हैं कि मैं निश्चित रूप से भारत में मिला हूँ, इस भावना के साथ कि इससे मेरी रियासत, मेरी प्रजा तथा मेरा वंश सुरक्षित रहेगा। इसी कारण मैंने भारत संघ का—आंतरिक प्रशासन का—परामर्श स्वीकार किया था। यदि हमें पाकिस्तान में ही जाना पड़ा तो भारत से जुड़ना अनावश्यक लगेगा तथा आंतरिक प्रशासनिक नीतियों को भारत के अनुकूल ढालना भी व्यर्थ होगा। मेरे विचार से आंतरिक प्रशासन एवं विलय का प्रश्न सुरक्षा परिषद् से बाहर की बात है। भारत ने एक सीमित प्रश्न ही सुरक्षा परिषद् में रखा है, किंतु इस पूरे प्रकरण को बढ़ा-चढ़ाकर प्रस्तुत किया जा रहा है। केवल एक राज्य का दूसरे राज्य पर आक्रमण ही सुरक्षा परिषद् में घसीटा जा रहा है, जिससे विचारणीय विषयों में विस्तार हो सके। अत: भारत को मामला सुरक्षा परिषद् से वापस ले लेना चाहिए।

उपर्युक्त स्थिति में मेरे मस्तिष्क में जो विचार आ रहे हैं, उनके अनुसार मुझे जो काररवाई करनी है तथा जहाँ तक मेरा संबंध है, वह है—एक साफ-सुथरी स्थिति। कभी-कभी सोचता हूँ कि मुझे विलय की घोषणा वापस ले लेनी चाहिए, जो मैंने भारत के पक्ष में की है। भारतीय संघ ने अस्थायी रूप से ही इसे स्वीकार किया है और यदि भारतीय संघ इस राज्य के शेष भाग को पुन: अधिकार में नहीं ले सकता और बाद में सुरक्षा परिषद् के निर्णय पर पाकिस्तान से मिलने को विवश होना पड़े तो भारत से जुड़े रहने का कोई अर्थ नहीं है। कुछ समय के लिए यह भले ही संभव हो, किंतु कालांतर में इसका अर्थ होगा एक राजवंश का अंत। इसका एक संभावित विकल्प मेरे पास है कि मैं विलय प्रस्ताव को वापस कर दूँ, जिससे स्वत: ही संयुक्त राष्ट्र संघ बीच में नहीं रहेगा; क्योंकि तब भारतीय संघ इसपर चर्चा करने के लिए बाध्य नहीं होगा, जिसका परिणाम होगा—रियासत का विलय पूर्व की स्थिति में आना। इसमें जो कठिनाई होगी वह यह कि रियासत में भारतीय सेना नहीं रहेगी। मैं

रियासत की सेना की कमान भारतीय सेना के हाथ से अपने हाथ में ले लूँगा। यदि भारत माने तो रियासत की सहायता हेतु आई भारतीय सेना तथा रियासत की सेना का संचालन मैं स्वयं कर सकूँगा। मैं अपने राज्य को आपके किसी भी जनरल से अधिक भली-भाँति जानता हूँ, जिसे वे अगले कई महीनों या सालों में जान सकेंगे। मैं इस साहसिक कार्य को अधिक दृढ़ता से अपने हाथ में लेने के लिए तैयार हूँ, बजाय इसके कि हाथ-पर-हाथ रखे कुछ न करते हुए यहाँ बैठा रहूँ। यह आपके लिए विचारणीय है कि क्या भारत सरकार इसे दोनों ही परिस्थितियों में स्वीकार करेगी? विलय प्रस्ताव को वापस लेकर या विलय के साथ, मैं अपने वर्तमान जीवन से तंग आ चुका हूँ। इससे अच्छा तो यह होगा कि मैं लड़ते हुए जान गँवाऊँ, बजाय इसके कि असहाय होकर अपनी जनता की दिल दहला देनेवाली दयनीय स्थिति देखूँ। जहाँ तक आंतरिक राजनीतिक स्थिति का प्रश्न है, मैंने उसे स्वयं पूर्णरूप से आपको सौंप दिया है। मैं राज्य का संवैधानिक शासक बनने के लिए तैयार हूँ और जब तक नया संविधान तैयार होगा तब तक मैं एक उत्तरदायी सरकार दे सकूँगा। पर मैं संतुष्ट नहीं हूँ कि नेशनल कॉन्फ्रेंस के नेता सक्षम प्रशासक हैं या हिंदू व सिखों का या बहुसंख्यक मुसलमानों का विश्वास जीत सके हैं। अत: मुझे कुछ सुरक्षित अधिकार अपने पास रखने होंगे, जिनके विषय में आप जानते हैं—मेरे पास मेरी पसंद का दीवान होना चाहिए, जो मंत्रिपरिषद् का सदस्य या अध्यक्ष होगा।

एक और विकल्प जो मुझे सूझता है, वह यह है कि यदि मैं कुछ नहीं कर पाने में असमर्थ हूँ तो मुझे रियासत को छोड़ देना चाहिए और कहीं बाहर रहना चाहिए, जिससे लोग यह न सोचें कि मैं उनके लिए कुछ कर सकता हूँ। अपनी शिकायत के लिए वे नागरिक प्रशासन को उत्तरदायी मानेंगे या भारतीय सेनाओं को, जो रियासत की रक्षा के लिए नियत हैं। तब उत्तरदायित्व सीधे भारत या शेख अब्दुल्ला के प्रशासन का होगा। यदि किसी प्रकार की आलोचना हुई तो लोगों के दु:खों का कारण मैं नहीं होऊँगा। सच है कि मैं प्रत्याशा कर सकता हूँ, जैसा कि जब मैंने मेनन की सम्मति से कश्मीर छोड़ा था और श्रीनगर से पलायन किया था तो वे कहेंगे कि मैंने उन्हें उनके संकट के दिनों में छोड़ दिया, अत: मेरे पद पर बने रहने का कोई अर्थ नहीं, जब आप कुछ कर नहीं सकते—सिवाय आलोचना से बचने के। यदि मैं राज्य से बाहर गया तो मुझे जनता को विश्वास में लेना होगा और उन्हें यह बताना होगा कि मैं राज्य छोड़कर बाहर क्यों जा रहा हूँ।

तीसरा विकल्प ऐसी स्थिति में जो बचता है कि भारत अपनी ओर से पाकिस्तानी आक्रमण को रोकने के लिए प्रभावी कदम उठाए और न केवल आक्रमणकारियों को राज्य से बाहर खदेड़ने की काररवाई करे, अपितु विद्रोहियों को भी सबक सिखाए। पर यह तभी होगा जब जम्मू व कश्मीर रियासत सचमुच युद्ध करे। अभी तक वह युद्ध से बचती रही है। दो या तीन साहसिक युद्ध इस सारी समस्या को निपटा सकेंगे और यदि इन्हें विलंबित किया गया तो विनाश अवश्यंभावी है। कश्मीर के विरुद्ध पाकिस्तान भारत से कहीं अधिक संगठित है तथा जैसे ही बर्फ पिघलनी शुरू होगी, वह कश्मीर पर सभी ओर से हमले शुरू कर देगा और लद्दाख क्षेत्र भी शत्रु के हाथों में चला जाएगा। तब घाटी और पूरे सीमावर्ती क्षेत्र पर हमला बोला जाएगा और जम्मू व कश्मीर की स्थिति सुधारने हेतु सेनाओं की संख्या वर्तमान से दोगुनी कर दी जाएगी। एक महीना पूर्व जो किया जाना चाहिए था तथा जो उपलब्धि प्राप्त की जानी चाहिए थी, वह अगले महीने में भी प्राप्त की जा सकती है; किंतु यदि इसमें देरी की गई और संयुक्त राष्ट्र संघ के संदर्भ एवं समझौते की प्रवृत्ति से स्थिति जस-की-तस बनी रही तो वह एक महीने बाद गंभीर रूप ले लेगी। अत: जब तक भारतीय संघ युद्ध करने के लिए मानसिक रूप से पूरी तरह से तैयार नहीं होता, मुझे पहले दिए गए दो विकल्पों में से एक को चुनना होगा।

मैं जो कुछ सोच सकता हूँ वह आपसे कह दिया है। इस पत्र को व्यक्तिगत एवं गोपनीय समझा जाए। इसको लिखने का उद्देश्य अपनी मन:स्थिति को सामने लाना है। सही या गलत, सम्यक् रूप से बुद्धिमत्तापूर्वक आपके सम्मुख रखना, जिससे आप सारी समस्या समझ सकें और मुझे भी सम्मति दे सकें। मैं इस पत्र को एक विशेष संदेशवाहक के हाथों भेज रहा हूँ और आशा करता हूँ कि संकट की इस विकट घड़ी में आप सही दिशा में काररवाई कर सकेंगे।

सादर शुभकामनाओं सहित,

भवदीय
हरि सिंह

सरदार वल्लभभाई पटेल
नई दिल्ली

28

जम्मू व कश्मीर पर महाराजा हरि सिंह के विचारों से संबंधित पं. नेहरू द्वारा सरदार पटेल को लिखा पत्र

नई दिल्ली
9 फरवरी, 1948

प्रिय वल्लभभाई,

आपके 9 फरवरी के पत्र के लिए धन्यवाद, जिसके साथ महाराजा के कश्मीर संबंधी आलोचनात्मक पत्र की प्रतिलिपि संलग्न है।

मुझे लगता है कि सबसे कारगर नीति आज जिसे मानना चाहिए, वह है—कुछ न करना। उनके द्वारा विलय प्रस्ताव को रद्द करना पूर्ण रूप से गलत है। इससे केवल स्वयं उनके लिए और इस देश के लिए परेशानियाँ पैदा होंगी। जहाँ तक उनका कश्मीर से बाहर जाकर रहने का प्रश्न है, ऐसा संभव है; किंतु मैं सोचता हूँ कि उन्हें अभी अपने इसी रूप में रहना चाहिए। आपने देखा होगा कि सुरक्षा परिषद् में बार-बार तथाकथित महाराजा के निरंकुश राज्य के संबंध में संदर्भ दिए जाते हैं। विदेशों में भारतीय संघ राज्य का पक्षधर कोई नहीं है और (सर मोहम्मद) जफरुल्ला खाँ* का इसे इस रूप में लाने में अधिक-से-अधिक योगदान है।

उनकी इस राय कि भारतीय संघ को प्रभावी ढंग से युद्ध करना चाहिए, को हमने कभी उपेक्षित नहीं किया। वस्तुत: हमने भरसक प्रयास किया है और युद्ध को आगे बढ़ाए जाने के लिए सैनिक कमांडरों को निर्देश दिए हैं। यदि कोई बाधा हमारे सामने आई तो वह सरकार का दोष नहीं है। नौशेरा क्षेत्र में प्राप्त हाल की सफलता बहुत महत्त्वपूर्ण है और इसका उस क्षेत्र में अच्छा प्रभाव पड़ेगा।

भवदीय
जवाहरलाल

माननीय सरदार वल्लभभाई पटेल
नई दिल्ली

*पाकिस्तान के विदेश मंत्री; संयुक्त राष्ट्र संघ में पाकिस्तानी प्रतिनिधिमंडल का नेतृत्व किया।

29

सरदार पटेल द्वारा कश्मीर के संबंध में महाराजा हरि सिंह की आशंका को निर्मूल सिद्ध करते हुए उन्हें लिखा पत्र

नई दिल्ली
9 फरवरी, 1948

प्रिय महाराजा साहब,

आपके 31 जनवरी के पत्र के लिए धन्यवाद, जिसे मेरे पास 8 फरवरी को प्रात: 10 बजे आपका ए.डी.सी. लाया था। मैं आपकी आशंका को समझ सकता हूँ और आपको आश्वस्त करना चाहता हूँ कि कश्मीर की स्थिति तथा संयुक्त राष्ट्र संघ में जो कुछ हो रहा है, उसके प्रति मैं भी कम आशंकित नहीं हूँ; अपितु वर्तमान स्थिति कुछ भी हो, निराश होने की कोई बात नहीं है।

मैं इन दिनों वर्तमान सैन्य स्थिति के साथ संयुक्त राष्ट्र संघ की स्थिति और अभी-अभी घटी भयावह दु:खद घटना*, जिसने हम सभी को प्रभावित किया है, से चिंतित हूँ और नजर रखे हुए हूँ। मैं आपको कुछ समय बाद फिर लिखूँगा।

मुझे आशा है कि संयुक्त राज्य अमेरिका से आपको युवराज के संबंध में शुभ समाचार मिला होगा।

आप दोनों के लिए सादर,

भवदीय
वल्लभभाई पटेल

महामहिम महाराजा सर हरि सिंह
जम्मू-कश्मीर के महाराजा,
जम्मू-तवी

---

* 30 जनवरी को बिड़ला भवन, नई दिल्ली में महात्मा गांधी की हत्या हुई।

30

कश्मीर की स्वतंत्रता के विषय पर सरदार पटेल के विचार

12 मई, 1948

12 मई, 1948 को कश्मीर में स्वतंत्रता समारोह की पूर्व संध्या पर सरदार पटेल ने प्रारंभिक निर्णयों में से एक के आधार पर कूटनीतिक शब्दों में देश की भावी पीढ़ी के लिए संदेश दिया था—

''मैं उपस्थित होकर बहुत प्रसन्न होता (कश्मीर के स्वतंत्रता समारोह में), किंतु चिकित्सकों के परामर्श के अनुसार समारोह को बड़ी रुचि के साथ इतनी दूर रहकर ही देखने से संतोष करना पड़ रहा है।[1]

''इस अवसर पर जब हम न केवल एक दृढ़, संकल्पशील व संदिग्ध शत्रु का सामना कर रहे हैं, जिसके प्रयासों की सफलता जीवन की प्रत्येक सुंदर व अमूल्य वस्तु को संकट में डालेगी अपितु हम भी जब महाराजा की ओर से उत्तरदायी सरकार[2] देने की कूटनीति को तैयार करने के योग्य हो सके तो हमें भूतकाल की कड़वाहट की झाँकी वर्तमान के हर्षित व मित्रतापूर्ण संबंध और भविष्य के गौरवशाली विकास के सम्मुख प्रदर्शित नहीं करनी चाहिए।

यह विचार इतिहास के संदर्भ में उस कड़वे संघर्ष[3] की ओर इंगित करता है।

''अंततः कुछ ही संघर्ष इतने समय तक तथा इतनी कड़वाहट लिये होंगे। कालांतर में ब्रिटिश सरकार ने अच्छा किया और लगभग रात-रात में अतीत की कड़वाहट एवं घृणा को आपसी सहयोग व मित्रता में परिवर्तित कर दिया है।

''यद्यपि मैं आपके समारोह से दूर रहूँगा, लेकिन मेरा मन पूरी तरह आपके साथ होगा। हमारी पूरी सहानुभूति सदा आपके हाल के वर्षों में किए गए स्वतंत्रता संघर्ष में आपके साथ रही है। हम सदा परस्पर निकट से निकटतर होते गए हैं, जो समान रूप से भय व मित्रता के भावों से बढ़े हैं।

हमारी मित्रता अब समान आदर्शों व जीवन के किसी क्षेत्र में भविष्य के संभावित स्थायी संबंधों के बनने के साथ दृढ़ होती रहेगी।

---

1. मसूरी से, जहाँ मार्च 1948 में हृदयाघात के पश्चात् सरदार पटेल स्वास्थ्य-लाभ कर रहे थे।
2. आपातकालीन प्रशासन को मानते हुए भारत सरकार के परामर्श से महाराजा हरि सिंह ने अप्रैल 1948 में राज्य में उत्तरदायी सरकार की स्थापना की और मेहर चंद महाजन के स्थान पर शेख अब्दुल्ला को प्रधानमंत्री नियुक्त किया।
3. शेख अब्दुल्ला ने 27 अप्रैल, 1948 के पत्र में सरदार पटेल को लिखा—"इस राज्य की जनता ने एक लंबे व कड़े संघर्ष के बाद जम्मू व कश्मीर में एक उत्तरदायी सरकार की स्थापना कर ली है।"

31

सरदार पटेल द्वारा पं. नेहरू को 4 जून, 1948 को लिखे एक पत्र के अंश

3. जहाँ तक कश्मीर का संबंध है, मुझे स्वीकार करना होगा कि मैं सैनिक स्थिति से बिलकुल प्रसन्न नहीं हूँ। अधिक संख्या में सैनिक व साज-सामान भेजने के बावजूद हम कुछ कर पाने में समर्थ हुए नहीं लग रहे हैं। ऑलिवर ट्विस्ट की भाँति सैनिक अधिकारी अधिक-से-अधिक माँग करते हैं और उनकी माँग के अनुमानित आँकड़े सदा परिवर्तित होते रहते हैं। जो दिसंबर 1947 में उपयुक्त लगता था, वह चार-पाँच सप्ताह में ही बदल गया। जब मैं जनवरी 1948 के मध्य में वहाँ गया था और जो तब ठीक समझा गया वह संभवतः दो महीने बाद ही बदल गया। अंततः शत्रु को तंग करने की काररवाई आरंभ की गई, किंतु अपेक्षित समय तक कुछ भी उपलब्धि हासिल न हो सकी। अब लेह पर खतरा है और करगिल व द्रास पर अधिकार हो गया है, जो सामरिक दृष्टि से महत्त्वपूर्ण स्थल हैं।

4. जहाँ तक जम्मू व कश्मीर रियासत की सेना द्वारा लद्दाख व स्कर्दू में भगोड़े होने की बात है तो यह अप्रत्याशित नहीं है, क्योंकि जब से संघर्ष आरंभ हुआ तब से राज्य की सेना की यही परंपरा रही है।

5. जहाँ तक कश्मीर की आंतरिक स्थिति का प्रश्न है, आपने सही रूप से प्रचार एवं कश्मीरी पंडितों की मनोवृत्ति पर जोर दिया है। कश्मीरी पंडितों की स्थिति से मुझे घोर निराशा हुई है। हम लोगों द्वारा सैनिकों की क्षमता या स्थानीय प्रशासन को बनाए रखने के लिए तथा हमारे द्वारा जम्मू-कश्मीर में आंतरिक प्रचार में कुछ भी नहीं किया जा सका है। उन्होंने सरकारी रेडियो से ही कुछ प्रचार किया है तथा पैंफलेट जारी किए हैं। मैंने इसमें हस्तक्षेप करना उचित नहीं समझा। यद्यपि मैं प्रशासन के रवैये से और सक्षमता से अप्रसन्न था। मैंने सोचा था कि शेख साहब व उनकी कॉन्फ्रेंस* ही उपयुक्त माध्यम होगा और वे ही भलीभाँति जानते होंगे कि कब और कहाँ लोगों से संपर्क करना है। मैंने अब पी.जी. चौधरी (महानिदेशक, ऑल इंडिया रेडियो) को कहा है, जिनसे मैंने कल ही वार्त्ता की है, जब वे साप्ताहिक साक्षात्कार के लिए आए थे। मंत्रालयों की संयुक्त बैठक करने के उद्देश्य से, जिससे आजिम हुसैन द्वारा प्रेषित रिपोर्ट में दिए गए सुझावों पर विचार किया जा सके। मैंने उनकी संस्तुति शीघ्र माँगी है, जिससे हम इस उद्देश्य हेतु उपयुक्त योजना बना सकें। मुझे विश्वास है कि वह मुझे अगले सप्ताह तक प्राप्त हो जाएगी।...

---

* नेशनल कॉन्फ्रेंस, जिसके अध्यक्ष शेख अब्दुल्ला थे।

32

कश्मीर और हैदराबाद समस्या के शीघ्र समाधान हेतु आर्थर हेंडर्सन* द्वारा सरदार पटेल को लिखा पत्र

उड्डयन मंत्रालय,
ह्वाइटहॉल, एस डब्ल्यू 1
26 जून, 1948

प्रिय पटेलजी,

आपके शीघ्र स्वास्थ्य-लाभ हेतु हार्दिक शुभकामनाएँ। मैं भारतीय मामलों में अभी भी बहुत रुचि रखता हूँ और यह जानता हूँ कि आप पर कार्यालय का भार एवं गुरुतर उत्तरदायित्व है। मुझे लगता है कि मुख्य समस्या कुछ सीमा तक आपके कार्य करते रहने की क्षमता तथा अपना ध्यान न रख

पाने के कारण है।

मैं अभी भी विश्वास करता हूँ कि किसी-न-किसी प्रकार संतोषजनक समझौता हो जाएगा। वहाँ जिस प्रकार का भी राजनीतिक निर्णय होगा वह दोनों देशों—भारत व पाकिस्तान—को मित्रतापूर्ण सहयोग व पड़ोसी की भावना से लाभ ही देगा। हैदराबाद को भी भारत से सौहार्दपूर्ण और निकट संबंध बनाने से लाभ होगा।

अंतरराष्ट्रीय स्थिति फिर से धूमिल है और जैसा कि आप जानते हैं, बर्लिन में गंभीर समस्या उत्पन्न हो गई है। वहाँ पर विनाश टालने के लिए अत्यंत कूटनीतिक सूझ-बूझ की आवश्यकता पड़ेगी और इस बारे में बहुत कुछ सोवियत संघ (यूनियन) की इच्छा पर निर्भर करता है। यदि हम पूर्ण रूप से सामाजिक व आर्थिक पुनर्निर्माण हेतु सहयोग की भावना से काम करें तो बहुत कुछ किया जा सकता है। किंतु लगता है कि हम पूर्ण रूप से उसी रक्तरंजित शक्ति-परीक्षण की राजनीति पर उतर आए हैं, जिससे सहयोग पनपने में कठिनाई आ जाती है। मेरे विचार से सबसे अच्छा मार्ग है—मित्रता व सहयोग के लिए सदा तत्पर रहना, केवल मनाने-मनवाने के लिए नहीं। आशा करें कि स्थिति में सुधार होगा और विवेकपूर्ण हल निकल सकेगा।

आपको और आपकी पुत्री के लिए मेरी शुभकामनाएँ।

भवदीय
आर्थर हेंडर्सन

सरदार वल्लभभाई पटेल

---

* एटली सरकार में भारत व बर्मा मामलों के उप-सचिव।

33

सरदार पटेल द्वारा अंग्रेजों के पूर्वग्रह पर आर्थर हेंडर्सन को लिखा पत्र

देहरादून
3 जुलाई, 1948

प्रिय हेंडर्सन,

मुझे प्रसन्नता हुई कि आपने अपने पत्र में कश्मीर व हैदराबाद की चर्चा की। दोनों ही विषयों पर हमें पूर्ण रूप से लॉर्ड माउंटबेटन का मार्गदर्शन मिलता रहा है और हमारा सोचना अन्य लोगों के विपरीत पूर्ण रूप से प्रजातांत्रिक ढंग से है। हम प्रजातांत्रिक मानकों से परख के लिए तैयार हैं, किंतु दुर्भाग्य से आपके देश तथा अमेरिका से आए पूर्वग्रह से ग्रस्त पत्रकार जान-बूझकर हमारे प्रयास को अनुचित सिद्ध करने के उद्देश्य से यह जताना चाहते हैं कि हम दबाव बनाकर कार्य करना चाहते हैं। दुर्भाग्य से यह मेरा व्यक्तिगत अनुभव रहा है कि एक सामान्य अंग्रेज की जन्मजात विचारधारा सदा हमारे प्रतिकूल रहती है। कुछ अपवाद अवश्य हैं, किंतु बहुत कम। मैं स्वयं सोचता हूँ कि हमें संयुक्त राष्ट्र संघ में जाना ही नहीं चाहिए था—और जब हम संयुक्त राष्ट्र संघ में जा भी चुके थे, तो यदि हमने समय पर काररवाई कर ली होती तो सारे मामले को अधिक शीघ्रता व संतोषजनक ढंग से अपने तरीके से निपटा सकते थे; जबकि संयुक्त राष्ट्र संघ ने न केवल विवाद को लंबा किया अपितु उसमें हमारे अनुकूल जो मुख्य बातें थीं, उन्हें आंतरिक काररवाई में अनदेखा कर शक्ति संतुलन की राजनीति में धकेल दिया। मैं स्पष्ट कहना चाहता हूँ कि हम आपके प्रतिनिधिमंडल से अत्यधिक निराश हुए हैं। लॉर्ड माउंटबेटन ने अपनी सामर्थ्य भर हमारी सहायता की; किंतु हम मानते हैं कि नोएल बेकर ने पलड़े को हमारे प्रतिकूल झुका दिया। उसकी अगुवाई न होती तो मुझे विश्वास है कि अमेरिका तथा कुछ अन्य देश हमारे विरुद्ध न जा पाते।

भवदीय
वल्लभभाई पटेल

माननीय आर्थर हेंडर्सन
संसद् सदस्य

34

अंग्रेजों के अमैत्रीपूर्ण व्यवहार पर सरदार पटेल द्वारा आर्थर हेंडर्सन को लिखा पत्र

देहरादून
3 जुलाई, 1948

प्रिय हेंडर्सन,

26 जून, 1948 को लिखे आपके व्यक्तिगत पत्र तथा मेरे स्वास्थ्य-लाभ हेतु आपकी शुभकामनाओं के लिए धन्यवाद। मैं लगभग सामान्य हो गया हूँ और 6 जुलाई को वापस दिल्ली जाने वाला हूँ, जिससे जवाहरलाल की बहुत सी विकट समस्याओं, जिनसे मेरी अनुपस्थिति में वह अब तक अकेले ही जूझते रहे हैं, में सहायता कर सकूँ। आप भी अनेक गंभीर समस्याओं से जूझ रहे हैं, जिनमें आर्थिक व विदेशी मामले अत्यधिक पेचीदा हैं।

मैं आपसे पूर्णत: सहमत हूँ कि अंतरराष्ट्रीय स्थिति उच्च कोटि की राजनीतिक सूझ-बूझ की माँग करती है, जिसमें प्रत्येक व्यक्ति राष्ट्रीय-अंतरराष्ट्रीय स्तर पर उत्पन्न ईर्ष्या-द्वेष और सैद्धांतिक मतभेदों के समाधान में अपना अमूल्य सहयोग कर सकता है। निश्चय ही हमें फूँक-फूँककर कदम रखने हैं, जिससे हम शक्ति संतुलन की राजनीति के चक्कर में न फँसें, जो मेरे लिए भी उतनी ही घृणास्पद है जितनी आपके लिए। तभी हमें लगता है कि ब्रिटिश राष्ट्रमंडल के साथ ही हमारे हित जुड़े हुए हैं। हम भरसक प्रयास कर रहे हैं, जिससे मित्रता व सहयोग के अटूट संबंध बने रह सकें। इस दिशा में माउंटबेटन द्वारा किए गए अति उत्तम कार्यों के बल पर, आपकी सरकार की हमारी आशाओं के अनुरूप उदार प्रवृत्ति के दृष्टिकोण से, निस्संदेह हमें लगता है कि आपकी ओर से ठीक तरह से स्थिति पर नियंत्रण रखते हुए हमारे लिए निकट संबंध बनाने में भरपूर सहयोग मिलेगा। आपको इसका अनुमान नहीं होगा कि चर्चिल एवं नोएल बेकर* जैसे लोगों के भाषणों व विचारों से भारत-ब्रिटेन मित्रता व भावना को कितना आघात लगता है। फिर भी, हम यही प्रयत्न कर रहे हैं कि इस विद्वेष को दूर कर सकें। मैं आशा करता हूँ कि आपकी ओर से भी मामलों में सुधार लाया जा सकेगा।

मुझे प्रसन्नता हुई है कि आपने कश्मीर और हैदराबाद का उल्लेख किया

है। इन दोनों ही मामलों में हमें लॉर्ड माउंटबेटन से मार्गदर्शन मिला है और हमारा दृष्टिकोण अन्यों से, जो कि तथ्यों का मिथ्या विवरण प्रस्तुत करते हैं, भिन्न पूरी तरह से प्रजातांत्रिक है। हम प्रजातांत्रिक मापदंडों पर खरे उतरेंगे; किंतु दुर्भाग्य से आपके देश व अमेरिका के पूर्वग्रही पत्रकार जान-बूझकर हमारे दृष्टिकोण को गलत ढंग से प्रस्तुत कर यह जताते आए हैं कि हम दबाव की नीति अपनाते हैं, जो सरासर झूठ है। दुर्भाग्य से मेरा भी यही अनुभव है कि भारत में रहनेवाला सामान्य अंग्रेज भी स्वभाव से हमारे प्रति पूर्वग्रही है। कुछ सम्माननीय जन इसके अपवाद अवश्य हैं, किंतु वे विरले ही हैं। मैं स्वयं सोचता हूँ कि हमें संयुक्त राष्ट्र संघ में नहीं जाना चाहिए था। संयुक्त राष्ट्र संघ में जाने के बाद भी यदि हमने समय पर काररवाई कर ली होती तो भी पूरे मामले को अपने दृष्टिकोण के अनुसार संतोषजनक ढंग से अपने पक्ष में निपटा सकते थे। जबकि संयुक्त राष्ट्र संघ में न केवल विवाद को लंबा खींचा गया है, अपितु हमारे पक्ष में उसकी अवहेलना भी की गई है। इस शक्ति की राजनीति में मैं स्पष्ट कहना चाहता हूँ कि हम आपके प्रतिनिधिमंडल से बहुत निराश हुए हैं। लॉर्ड माउंटबेटन ने अपने सामर्थ्यानुसार हमारी सहायता की है; किंतु हम मानते हैं कि नोएल बेकर, जिसने परिस्थिति को हमारे प्रतिकूल किया है, ने उसकी अगुआई न की होती तो मुझे पूरा विश्वास है कि अमेरिका तथा कुछ अन्य शक्तियाँ हमारे विरुद्ध नहीं जा सकती थीं।

जहाँ तक हैदराबाद का संबंध है, मैं सहर्ष कह सकता हूँ कि आपकी सरकार का दृष्टिकोण अधिक सहायक रहा है। हमें सूचना मिली है कि कुछ अंग्रेज हैदराबाद में हथियारों की तस्करी कर रहे हैं। मैं इन गैर-सरकारी गतिविधियों पर नियंत्रण कर सकने में आपकी कठिनाई को समझता हूँ। किंतु यही गतिविधियाँ यथार्थ में हमारे राष्ट्रमंडल देशों के मध्य पारस्परिक समझ-बूझ को बढ़ाने के प्रयासों में बाधा डालती हैं। मैं चाहता हूँ कि इंग्लैंड में यह प्रचार किया जाए कि यदि अंग्रेज भारत की सद्भावना चाहते हैं तो उन्हें भारत के प्रति सद्भावपूर्ण होना चाहिए, न कि उस तरह जैसा कि पूर्वग्रही पत्रकार व्यक्त करते हैं।

मणिबेन तथा मेरी ओर से सादर सम्मान व शुभकामनाओं सहित।

भवदीय

माननीय आर्थर हेंडर्सन

वल्लभभाई पटेल

---

* लेबर पार्टी के सांसद, युद्ध परिवहन मंत्री के सचिव, 1942।

35

पाकिस्तानी आक्रमण के विरुद्ध गुरिल्लाओं के प्रशिक्षणा हेतु धन प्रदान करने हेतु गोपीचंद भार्गव द्वारा सरदार पटेल को लिखा पत्र

शिमला-ई
16 अगस्त, 1948

प्रिय सरदारजी,

जब हमने कश्मीर में अपना युद्ध-कार्य आरंभ किया तो सेना ने कुछ गुरिल्ला भरती किए और मोरचे पर भेज दिए। मैं सोचता हूँ कि कुछ गुरिल्ला विशेष रूप से प्रशिक्षित किए जाने चाहिए, जो पाकिस्तानी आक्रमण के दौरान पूर्वी पंजाब में हमारे लिए सहायक होंगे। उन्हें पटियाला में प्रशिक्षण दिया जा सकता है। सबसे अच्छा गुरिल्ला संगठनकर्ता उसी राज्य में है। हम लगभग 100 लोगों को शीघ्र प्रशिक्षित कर सकते हैं। इनमें प्रत्येक के प्रशिक्षण व अनुरक्षण हेतु 300 से 400 रुपए तक की आवश्यकता है। मैं इसके लिए रक्षा मंत्रालय से संपर्क नहीं करना चाहता। क्या आप भारत सरकार से यह राशि दिलवा सकते हैं? यदि इसे सामान्य तौर पर रक्षा मंत्रालय से माँगा जाएगा तो वह तैयार नहीं होगा और मैं सीधे रक्षा मंत्रालय से नहीं कहना चाहता। पूर्वी पंजाब सरकार के पास पर्याप्त राशि उपलब्ध नहीं है, अत: मैं आपसे इस सहायता की प्रार्थना करता हूँ। मुझे प्रारंभ में 40 हजार रुपए चाहिए। आप चाहें तो यह राशि सरकार के माध्यम से ही व्यय की जाएगी; किंतु किसी अन्य नाम से।

भवदीय
गोपीचंद भार्गव

माननीय सरदार वल्लभभाई पटेल
नई दिल्ली

36

गुरिल्ला संगठन के लिए अपनी निधि से व्यय करने के लिए सरदार पटेल द्वारा गोपीचंद भार्गव को लिखा पत्र

नई दिल्ली
20 अगस्त, 1948

प्रिय गोपीचंद,

गुरिल्लाओं के प्रशिक्षण से संबंधित आपके 16 अगस्त के पत्र के लिए धन्यवाद।

इस प्रकार के संगठन की अन्यतम आवश्यकता के लिए मैं आपसे पूर्णत: सहमत हूँ; किंतु मैं समझ नहीं पा रहा हूँ कि इस संबंध में किस निधि से मैं इस सहायता को दे सकता हूँ। राशि बहुत कम है और मैं सोचता हूँ कि प्रारंभ में आप अपनी ही विविध निधियों में से इसे पूरा कर सकते हैं।

भवदीय
वल्लभभाई पटेल

माननीय डॉ. गोपीचंद भार्गव
शिमला-ई

37

सरदार पटेल द्वारा शेख अब्दुल्ला के संबंध में पं. नेहरू को लिखा पत्र

नई दिल्ली
30 सितंबर, 1948

प्रिय जवाहरलाल,

आज प्रात: शेख अब्दुल्ला द्वारा बुलाई गई प्रेस कॉन्फ्रेंस के बारे में पढ़कर बड़ी हैरानी हुई। उन्होंने कहा था कि आज वह मुझसे मिलेंगे। मैं उनकी प्रतीक्षा करता रहा; किंतु जब वह नहीं आए तो मैं आपको तथा उन्हें इस बारे में लिख रहा हूँ।

यह बहुत ही विचित्र है कि उन्हें महाराजा के विरुद्ध अपनी पीड़ा को

व्यक्त करने के लिए प्रेस कॉन्फ्रेंस ही उचित स्थान लगा। उनसे अधिक अन्य कोई नहीं जानता कि महाराजा लोकप्रिय सरकार की माँग का विरोध करने की स्थिति में नहीं हैं। हम, महाराजा एवं शेख अब्दुल्ला स्वयं गत मार्च में इस निश्चय पर पहुँचे थे। उस समझौते को महाराजा ने पूरी तरह मान लिया; किंतु कुछ हटकर शेख अब्दुल्ला और उनकी सरकार के हित में संतुष्ट होकर पूरी तरह कार्य किया। इस संबंध में कुछ विशेष व्यक्तियों, यथा—जागीरदार, की चर्चा करता हूँ। मुझे ऐसा कोई उदाहरण नहीं मिला या शेख अब्दुल्ला ने मुझे नहीं बताया, जिससे सिद्ध हो कि महाराजा ने रुकावट डाली हो या जन-कल्याणकारी सुधारों का विरोध किया हो। एक संवैधानिक प्रमुख होने के नाते उन्होंने पुनर्विचार करने के लिए एक-दो बार कहा भी होगा तो इसे किसी भी प्रकार से पीड़ा पहुँचाना नहीं कहा जा सकता। एक प्रधानमंत्री द्वारा राज्य के संवैधानिक प्रमुख महाराजा के प्रति ऐसा कहना अत्यंत निम्न कोटि का और वैधानिक रूप से अनुचित है, यह जानते हुए भी कि वह स्वयं स्थिति को सिद्ध करने या उसका प्रतिकार करने की स्थिति में नहीं हैं। उसपर यह जताना कि वह सत्ता पर जमे रहना चाहते हैं अथवा कि उनके भारत में घनिष्ठ मित्र हैं या वह उन मित्रों को खरीद सकते हैं, यह सब अत्यंत दुर्भाग्यपूर्ण है।

शेख साहब ने भारत में कुछ अन्य लोगों के विषय में भी कहा, जो कश्मीर को पाकिस्तान को सौंपने की बात करते हैं। मैं जानना चाहता हूँ कि वे कौन हैं ? जहाँ तक मैं जानता हूँ, जम्मू व कश्मीर राज्य में सारे भारत से अधिक ऐसे लोग हैं।

शेख साहब ने पूर्वी पंजाब में हिंदू कट्टरवाद की चर्चा की है। यह भी साधारणीकरण है। मुझे आशा है कि शांति के क्षणों में शेख स्वयं पश्चात्ताप करेंगे। यह निश्चित रूप से उस देश के एक पड़ोसी प्रांत पर घिनौना आरोप है, जिसमें उसके अपने राज्य का विलय हो चुका है।

मैं आशा करता हूँ कि शेख साहब इस बात को मानेंगे कि उनके संघर्ष के दिनों में भारत सरकार और भारतीय जनता से अधिक किसी ने भी उनकी सहायता नहीं की। वास्तविकता यह है कि अनेक बार अपनी ही बातों से पीछे हटने पर भी उनके साथ रहकर महाराजा पर ही हमने दबाव डाला और उन्हें स्थिति के अनुसार ढालने में सहायता की। मैंने सोचा था कि प्रधानमंत्री के रूप में वह महाराजा के साथ मिलकर काम करेंगे और कम-से-कम अपने विवाद

को जग-जाहिर नहीं करेंगे, किंतु उन्होंने ऐसा नहीं किया—यह जानते हुए भी कि अंततः वह संवैधानिक रूप से महाराजा के ही प्रधानमंत्री हैं। मैं सोचता हूँ कि संवैधानिक इतिहास में ऐसा उदाहरण मिलना कठिन होगा, जिस प्रकार का आक्रोश व दुर्व्यवहार शेख ने महाराजा के प्रति किया। मुझे विश्वास है कि आप उन्हें समझाने में सफल होंगे कि उन्होंने कितनी बड़ी भूल की है। भविष्य में यदि ऐसी बातों को दोहराया नहीं गया तो हमें कुछ लाभ होगा। मैंने सोचा कि आपको अपनी प्रतिक्रिया से अवगत करा दूँ, जिससे अवसर मिले तो आप उनसे बात कर लें। मैं शेख को लिखे गए पत्र की प्रति भी आपको भेज रहा हूँ।

भवदीय

वल्लभभाई पटेल

माननीय पं. जवाहरलाल नेहरू

नई दिल्ली

38

सरदार पटेल द्वारा शेख अब्दुल्ला के प्रति असंतोष व्यक्त करते हुए उन्हें लिखा पत्र

नई दिल्ली

30 सितंबर, 1948

प्रिय शेख साहब,

मैंने कल की आपकी प्रेस कॉन्फ्रेंस पर आज के 'स्टेट्समैन' में समाचार पढ़ा। आप जब कल मुझसे मिले थे तो उसकी कोई चर्चा आपने नहीं की, न कोई संकेत ही दिया कि आप कुछ विवादास्पद मामलों पर, जिन पर कि राज्य संबंधी मंत्रालय भी चिंतित है, प्रेस कॉन्फ्रेंस करेंगे! वस्तुतः इनमें से कई मामलों पर हम विचार कर भी रहे हैं। मैं समझता था, जैसा आपने कल मुझसे कहा था कि आप मिलने आएँगे, किंतु जब आप नहीं आए तो मैं आपको यह पत्र लिख रहा हूँ।

मैंने आशा की थी कि व्यावहारिक रूप से महाराजा की ओर से आपके द्वारा लागू की गई या की जानेवाली विभिन्न सुधार-योजनाओं के संबंध में किसी प्रकार का विरोध या अवरोध खड़ा नहीं किया गया तो आप नए

संवैधानिक संबंधों को उनके साथ बढ़ाएँगे। पर मैं कभी कल्पना भी नहीं कर सकता था कि आप अपने विवादों को सार्वजनिक रूप से प्रकट करेंगे। मैं सोचता था कि आप कम-से-कम स्वयं को पाक-साफ रखते हुए राज्यों संबंधी मंत्रालय में आकर संतोषजनक ढंग से हमारे माध्यम से समाधान ढूँढ़ेंगे। वास्तव में जब कभी आपको कठिनाई का सामना करना पड़ा तो हमने बिना किसी हिचकिचाहट के महाराजा को वस्तुस्थिति समझाने के लिए उन पर दबाव डाला है, यद्यपि कुछ मामलों में तो गत मार्च में स्वीकृत समझौते के विरुद्ध भी जाना पड़ा।

आपसे अधिक कौन जानता है कि आपकी इच्छा के विरुद्ध जाने के लिए महाराजा के पास कोई विशेष शक्ति नहीं है। यदि वह कुछ भिन्न करना भी चाहें तो उनके लिए आपकी सहमति लेनी आवश्यक होगी। मेरे संज्ञान में यह तथ्य है कि उन्होंने आपकी इच्छा के विरुद्ध केवल उन बातों पर जोर दिया जो व्यक्तिगत रूप से उन्हें प्रभावित करती थीं, यथा—पुंछ के राजा के परिवार को भत्ता या अतिथिशालाओं को सौंपने अथवा काश्तकारी सुधार आदि। अतः मैं आपके इस दावे पर कि भारत में उनके विश्वस्त मित्र हैं या वे इस स्थिति में हैं कि उन मित्रों को खरीद सकते हैं, दंग रह गया। दो-तीन सप्ताह जब वह दिल्ली में रहे तो साक्षात्कार के लिए उपलब्ध न हुए, क्योंकि उन्हें लगा कि संवैधानिक तौर पर आम जनता से संपर्क करना, अपने राज्य के विषय में कुछ कहना उनके लिए उचित नहीं होगा। यदि आपके पास उनके कुछ निष्ठ मित्रों की सूचना है तो मुझे बड़ी प्रसन्नता होगी, यदि आप मुझे सूचित कर सकें। आपने इसकी भी चर्चा की कि कुछ लोग कश्मीर को पाकिस्तान को सौंपना चाहते हैं। मैं इस मामले में भी जानना चाहूँगा। आप सहमत होंगे कि हमें जानना चाहिए कि वे देशद्रोही कौन हैं? आपने पाकिस्तान के मुसलिम कट्टरवाद एवं पूर्वी पंजाब के हिंदू कट्टरवाद की भी चर्चा की है। जहाँ तक मेरी जानकारी है, पूर्वी पंजाब का कोई भी हिंदू या सिख नहीं चाहेगा कि कश्मीर पाकिस्तान में जाए। निस्संदेह, भारत में कुछ लोगों को कश्मीर के बारे में लिये गए कुछ निर्णयों व क्रियाकलापों पर असंतोष हुआ हो; किंतु यह असंतोष ऐसा नहीं था कि आप समूचे प्रांत को कट्टरवाद से ग्रस्त मान लें, विशेषकर जब वह प्रांत आपका पड़ोसी हो और जिसकी सद्भावना एवं सहायता आपके लिए लाभकारी हो सकती है। आपने इस विचार की भी बात की है कि हमने सीमा-प्रांत का परित्याग कर दिया है। यह संभवतः हमारे द्वारा सीमा-प्रांत में जनमत-संग्रह न

कराने के लिए आलोचना मात्र है। जवाहरलाल को अधिक मालूम होगा कि आपकी आलोचना का क्या उत्तर दें। मैं केवल इतना कह सकता हूँ कि तथ्यों को पूरी तरह न जानते हुए मैं इसके लिए आपको दोष नहीं दे सकता, क्योंकि उन दिनों आप कारागार में थे।

मैं आशा करता हूँ कि आपकी प्रेस कॉन्फ्रेंस के विषय में साफ-साफ कहने के लिए आप बुरा न मानेंगे। मैं मानता हूँ कि जब हम विदेशी शत्रु से एकजुट होकर जूझ रहे हैं तो इस प्रकार की प्रेस कॉन्फ्रेंस और अपने आपसी विवादों का सार्वजनिक प्रकटीकरण देश के हित में नहीं। यह सब केवल हमारे शत्रुओं को हमारी कमियों, मतभेदों अथवा असंतोष पर प्रवाद करने का अवसर देता है और इधर-उधर की छोटी-छोटी बातों को खींच-तानकर, बढ़ा-चढ़ाकर दुष्प्रचार करने के लिए प्रेरित कर सकता है। अच्छा होगा, यदि हम अपनी समस्याओं को एक साथ बैठकर मैत्रीपूर्ण एवं सौहार्दपूर्ण वातावरण में पारस्परिक वार्त्तालाप से सुलझा सकें, बजाय इसके कि सार्वजनिक रूप से कहकर सस्ती लोकप्रियता प्राप्त करें। आप अच्छी तरह जानते हैं कि हमारे संबंध इस तरह के हैं कि आपके विचारों का भारत में प्रचार अनावश्यक है। आप यह भी जानते हैं कि जब भी आपको किसी प्रकार की कठिनाई हुई, हमने आपकी हरसंभव सहायता की। भारत में आपकी समस्याएँ/कठिनाइयाँ जटिल हैं या नहीं; यदि जटिल हैं तो हमें पहले जानने का अधिकार है, इससे पहले कि आप उन्हें जग-जाहिर करें। और यदि ऐसा नहीं है तो उन्हें सार्वजनिक तौर पर कहने का कोई अर्थ नहीं।

सादर,

भवदीय
वल्लभभाई पटेल

माननीय शेख मोहम्मद अब्दुल्ला
द्वारा—भारत के प्रधानमंत्री,
नई दिल्ली

39

शेख अब्दुल्ला की प्रेस कॉन्फ्रेंस पर गोपालस्वामी आयंगर द्वारा सरदार पटेल को लिखा पत्र

नई दिल्ली
2 अक्तूबर, 1948

प्रिय सरदारजी,

29 सितंबर को शेख अब्दुल्ला की प्रेस कॉन्फ्रेंस संबंधी मुझे आपका 1 अक्तूबर का पत्र मिला। समाचार-पत्रों में इसे पढ़ने से पूर्व मुझे वहाँ उपस्थित कुछ लोगों ने मौखिक रूप से बहुत कुछ बता दिया था, जो सब समाचार-पत्रों में नहीं आया है।

शेख अब्दुल्ला अगली सुबह मुझसे मिलने आए और मैंने स्वयं उनसे पूछा कि क्या उन्होंने प्रेस कॉन्फ्रेंस में बहुत ही बुरी बातें नहीं कीं, जो सभी समाचार-पत्रों में नहीं छपी हैं। उन्होंने उत्तर दिया कि कुछ बातें थीं जो उन्होंने कहीं, किंतु उन्हें समाचार-पत्रों में नहीं दिया गया, जबकि वे अधिक बुरी नहीं थीं। मैंने उनसे कहा कि तुमने कुछ बातों को टाल दिया होगा, जिनका कि श्रोताओं द्वारा स्वागत किया जाता; किंतु कुछ कारणों से कि परिस्थितियों को ध्यान में रखते हुए उन्हें व्यक्त करना बुद्धिमानी नहीं थी। मैंने आगे कहा कि उस सुबह के समाचार-पत्र को पढ़ने से मुझे एक सांत्वना मिली कि उन्होंने यह लिखा कि बेगम अब्दुल्ला ने सबके सामने स्वीकार किया कि कश्मीर को स्थायी रूप से भारत में मिल जाना चाहिए, अन्यथा और कोई भी मार्ग इस राज्य के लिए विनाशकारी सिद्ध होगा। मैंने उन्हें स्मरण दिलाया कि जैसा वह स्वयं भी जानते हैं—आम धारणा यही है कि बेगम अब्दुल्ला सक्रिय रूप से पाकिस्तान के पक्ष में हैं और इसीलिए मैंने उनके उस प्रकार के वक्तव्य का स्वागत किया है। यह सब अद्भुत था। मैंने आगे कहा कि समाचार का यह अंश उनकी प्रेस कॉन्फ्रेंस द्वारा छिपा लिया गया था, जिसे कि मोटे अक्षरों में छापा गया। मैं नहीं समझता कि मुझे शेख अब्दुल्ला के प्रेस कॉन्फ्रेंस के विषय में और कुछ प्रतिक्रिया देनी आवश्यक है।

भवदीय
गोपालस्वामी

माननीय सरदार वल्लभभाई पटेल

40

सरदार पटेल द्वारा शेख अब्दुल्ला को लिखा पत्र

प्रारूप *

प्रिय शेख साहब,

आपके 7 अक्तूबर, 1948 के पत्र के लिए धन्यवाद, जो मुझे 10 तारीख को प्राप्त हुआ।

2. लगता है कि आपने मेरे मत को ठीक ढंग से समझा नहीं है। मेरा कहना यह था—और अभी भी है—कि अपने मंतव्य से अवगत कराए बिना आपने जनसभा में महाराजा के विरुद्ध अपनी तथाकथित पीड़ा का प्रलाप एवं कुछ ऐसे विचारों को प्रकट किया कि हम विकट परिस्थिति में फँस गए। मुझे ऐसा लगा था कि आप स्वयं आएँगे या दूसरे दिन का समय लेंगे। यदि मैं यह जानता कि आप चाहते हैं कि मैं आपको मिलने का समय बताऊँ तो मैं आपको सूचित कर देता।

3. लगता है, आप ऐसी परिस्थिति में हैं, जिसमें लोग आपको गलत समझ रहे हैं—अन्य सब बातों के होते हुए भी हम तीनों—जवाहरलाल, गोपालस्वामी और मैं—ने ही आपके विचारों पर आपत्ति की थी। जवाहरलाल ने मुझे लिखा था और मुझे विश्वास है कि उन्होंने आपसे भी प्रेस कॉन्फ्रेंस में व्यक्त आपके अविवेकपूर्ण विचारों पर बात की होगी। उसी प्रकार गोपालस्वामी ने भी दूसरे ही दिन आपसे बात की तो आपने उन कारणों को नहीं समझा कि आपकी प्रेस कॉन्फ्रेंस किस प्रकार घबराहट पैदा करनेवाली थी। आपके पत्र से लगता है कि आप यह दिखाना चाहते हैं कि अभी भी आप समस्या को पूरी तरह से नहीं समझे हैं। मैंने अपने पत्र में सीधे-सीधे प्रश्न किए थे। आपने उनके उत्तर टाल दिए और जो कुछ उत्तर दिए भी तो उनमें वही पुराना राग अलापा गया। आपकी ओर से हमारे भावों को समझने का कोई प्रयास नहीं किया गया अथवा बदलती परिस्थिति में कोई नई बात नहीं की गई। मेरा दृढ़ विचार है कि आपने जो दुराग्रही दृष्टिकोण अपनाया, वह स्थिति को और भी बिगाड़ने या विषम बनानेवाला है।

4. आपने मेरे विचारों को अपवादस्वरूप लिया कि सैन्य प्रशासन का मामला सुलझा लिया गया है। स्वाभाविक है कि मेरी सुलझानेवाली टिप्पणी का

आशय आपके और महाराजा के बीच के मतभेद का पूरी तरह से समाप्त हो जाने से था। कार्य को पुनर्व्यवस्थित करना शेष था और आप हमसे चमत्कारिक ढंग से तीन सप्ताह के अंतर्गत चाहते थे कि सेना औपचारिक रूप से हमें दे दी जाती। आपको इस बात का पता नहीं है कि हमारी सेना किस प्रकार सैनिक काररवाई में व्यस्त है। यदि आपको पता होता तो आप इन सेनाओं के पुनर्संगठन न कर पाने के लिए हमें दोषी न बनाते। मैंने यह भी देखा कि इस प्रश्न पर तथा अन्य अपूर्ण कार्यों में आपको हमारी कठिनाइयों व व्यस्तता का तनिक भी भान नहीं है, अन्यथा आपने विलंब होने की बात इस ढंग से न की होती जैसी कि आपने की।

5. आश्चर्यजनक बात है कि आपने हम पर वास्तविक स्थिति से अनजान होने का दोष मढ़ा। तथ्य यह है कि जब आपका ध्यान केवल एक ओर होता है तब हम दोनों ओर देखते हैं और जब आप अपना कार्य उस एकाकी दृष्टिकोण से कर रहे होते हैं तो हमें दोनों ओर को देखते हुए संतुलित भाव से उसे करना पड़ता है। आपने बहुत सी बातों को छोड़ दिया, जिनमें यह भी है कि आपने ऐसे भी कार्य किए हैं जो पिछले मार्च के समझौते के विपरीत हैं और जिन पर महाराजा ने कभी कोई आपत्ति नहीं की। पुंछ के राजा के विषय में महाराजा ने पहले ही भत्ता कम करना मान लिया था तथा यह भी मान लिया है कि राजा के दो-तीन संबंधियों को भत्ता न दिया जाए। यह केवल दो या तीन मामलों में है कि उन्होंने आपको पुनर्विचार के लिए कहा है, इन विशेष परिस्थितियों में कि वे अत्यंत दीन-हीन हैं और गलियों की खाक छानने के लिए विवश हो जाएँगे। यदि इसे आप अवरोध मानते हैं तो मुझे लगता है कि हमें शब्दों की परिभाषा बदलनी होगी।

6. काश्तकारी सुधारों के संबंध में कोई रुकावट नहीं डाली गई है। किंतु यदि आप सोचें कि स्पष्टीकरण माँगना या ऐसे महत्त्वपूर्ण मामले को कुछ समय के लिए विचाराधीन रखें, ताकि महाराजा अपने विचारों को मंत्रिपरिषद् के समक्ष प्रस्तुत कर सकें, यदि यह रुकावट डालना है तो मैं इसे स्वीकार नहीं करता। इससे भिन्न अन्य कोई अवरोध उनकी ओर से उत्पन्न नहीं किया गया। काश्तकारों के कल्याण तथा जागीरों के पुनर्संगठन के राज्य मंत्रिमंडल के निर्णय के मामले को महाराजा द्वारा राज्य संबंधी मंत्रालय को प्रेषित किया गया था। उसपर वी.पी. मेनन व गोपालस्वामी आयंगर के बीच जुलाई में चर्चा हुई; किंतु दुर्भाग्य से उसपर मंत्रालय द्वारा अंतिम रूप से निर्णय

नहीं लिया जा सका, क्योंकि इसका अन्य राज्यों पर निश्चित रूप से विपरीत प्रभाव पड़ेगा।

7. लगता है, आपको मेरे वक्तव्य पर संदेह है कि महाराजा शक्तिहीन हैं। उनका शक्तिहीन होना इस तथ्य से स्पष्ट नहीं है कि उनका प्रधानमंत्री उनके विरुद्ध बार-बार खुलेआम आरोप लगा सकता है, फिर भी वह उत्तर नहीं देते हैं। इससे अधिक आप एक भी उदाहरण नहीं दे सकते, जिस पर महाराजा ने किसी प्रकार से हस्तक्षेप किया हो या आपकी इच्छा के विरुद्ध कार्य किया हो। संवैधानिक प्रमुख होने के कारण उन्हें आपको परामर्श देने अथवा सचेत करने का पूरा अधिकार है; किंतु यदि आप अड़े ही रहें तो उन्हें आपकी बात माननी होगी। जहाँ तक मुझे मालूम है, अभी तक उन्होंने अपनी सीमा का पूर्णतः परिपालन किया है।

8. आपने उन घटनाओं की पुनः चर्चा आरंभ कर दी जिन्हें मैंने सोचा था कि आपने दरकिनार कर दिया होगा; जैसे—महाराजा के विरुद्ध अत्याचार का आरोप। लगता है, आपने अभी तक नहीं समझा है कि कश्मीर के भारत में विलय पर हस्ताक्षर करने एवं आपको मंत्रिपरिषद् गठित करने के लिए आमंत्रित करने के लिए जिस स्थिति में आज हम और आप हैं, उसके लिए हम महाराजा के आभारी हैं। संभव है कि कल वह भी न रहें, किंतु इससे कुछ अंतर नहीं पड़ता। राजनीतिक जीवन में इस प्रकार के आरोप-प्रत्यारोपों का सामना करना ही पड़ता है। यदि इन आरोपों के निराकरण के लिए खुली जाँच करवाना ही एकमात्र उपाय है तो उन जाँचों और उनके उत्तर देने में ही पूरा जीवन व्यतीत हो जाएगा और हो सकता है कि जाँच कार्य पूरा होते ही वे आधारहीन निकलें अथवा उनमें बहुत ही कम सच्चाई हो। आपने महाराजा पर आरोप लगाया है कि वे अपने महल में बैठे रहते हैं और किसी से नहीं मिलते या मिलना नहीं चाहते हैं। इस संबंध में मेरा कहना है कि वे कर भी क्या सकते हैं? वे जब भी बाहर आते हैं तो उन्हें स्वयं या अपनी सरकार के प्रति मिथ्या अफवाहों का सामना करना पड़ता है। आपने जो चाहा, वह महाराजा से प्राप्त किया। यहाँ तक कि गत मार्च में महाराजा से जो समझौता किया गया, उसे हमने आपको ही सहायता पहुँचाने के लिए करवाया। आपने उसे स्वीकार भी किया। हमने सोचा कि इन समझौतों के बाद आप स्थिति को समझ सकेंगे तथा महाराजा की संवैधानिक स्थिति को स्वीकारेंगे। केवल सेना के प्रश्न पर ही कुछ अड़चन थी, जिसको हमने सुलझाने का प्रयत्न किया; किंतु आपने उन्हें

सराहने या समझने का प्रयास नहीं किया, जिससे निर्णय लेने में विलंब हुआ। अंततः निर्णय लिया ही गया और उसे आपने स्वीकार भी किया। हमने सोचा कि अब सभी मामले निपट गए हैं, किंतु एक महीने से भी कम समय में आपने अपना असंतोष व्यक्त करना आरंभ कर दिया—वह भी हमसे नहीं, जैसा कि होना चाहिए था, अपितु सार्वजनिक रूप से तथा यह जानते हुए कि न तो महाराजा और न ही हम किसी विवाद में पड़ना चाहते थे।

9. मुझे आश्चर्य हुआ कि आप जैसा अनुभवी नेता एक प्रश्न को इतना महत्त्व दे कि 'ईस्टर्न इकोनॉमिक्स' पत्रिका या 'टाइम्स ऑफ इंडिया' में लेख छपवाए तथा अनाप-शनाप और अनर्गल बातें करे, जिनके विषय में मैंने आपको पहले भी पत्र लिखा था। मुझे इस बात पर भी आश्चर्य हुआ कि आपने मार्च-सितंबर 1947 की घटनाओं को पुनः बड़े रोचक ढंग से अपनी प्रेस कॉन्फ्रेंस में उजागर किया। यह साफ है और सर्वविदित भी कि जो तत्त्व उस प्रकार के उपद्रव में सम्मिलित थे, पिछले एक वर्ष की अवधि में वे अधिक शक्तिहीन हो गए हैं। आपके या हमारे लिए उनमें कुछ भी महत्त्व की बातें न थीं।

10. जहाँ तक उत्तर-पश्चिमी सीमा-प्रांत का प्रश्न है, मुझे खेद है कि आपको पृष्ठभूमि का कुछ भी ज्ञान नहीं है कि किन परिस्थितियों में या किन कारणों से हमने वहाँ जनमत-संग्रह की बात की थी। अपने विचारों से या अपनी जानकारी न होने से पूर्व ही प्रेस में जाने का कोई कारण नहीं था। मुझे प्रसन्नता होती, यदि आप इन बातों पर पहले जवाहरलाल से या फिर मुझसे वार्त्ता करते। मुझे इस बात पर भी हैरानी हुई कि आपने आरक्षित व अनारक्षित विषयों की चर्चा की। गत मार्च के पत्राचार में स्पष्ट रूप से इस समझौते का उल्लेख किया गया था, जिसे आपने भी स्वीकार किया था। यदि आपको कोई आपत्ति थी तो इन आपत्तियों का तार्किक आधार पर समाधान किया होता, बजाय इसके कि उस समय स्वीकार करके बाद में अब उसे लेकर विवाद खड़ा किया गया। न आप यह मानने के लिए तैयार हैं कि इस तथाकथित राजकीय भूल-चूक को लेकर केवल पाकिस्तान में मिथ्या प्रचार करवाने तथा आजाद कश्मीर सरकार द्वारा 'डोगरा अत्याचार' कहकर उन्हें विदेशों में सहानुभूति प्राप्त करने के उद्देश्य से प्रचारित करना कितना उचित है। मुझे इसपर भी आश्चर्य हुआ कि जब आप जेल में थे तो आपके महाराजा के प्रति भिन्न विचार थे, जैसा कि आपने अपने पत्रों में उन्हें अभिव्यक्ति दी थी,

जिनकी एक प्रति मेरे पास भी है। और अब आप उनके प्रति इस प्रकार की बातें करते हैं।

11. मुझे आशा है कि आप मेरी स्पष्टवादिता को अन्यथा नहीं लेंगे। मैंने केवल आपके सामने मामले का दूसरा पक्ष रखा है और आपके लिए उचित होगा कि आप इस पर भी ध्यान दें। राजनीति में एक ही ओर देखने से काम नहीं चलता। उससे कोई लाभ भी नहीं होता। जब क्षमा करने की क्षमता और भूलने का गुण विद्यमान हो तो मंतव्य सिद्ध किया जा सकता है। जो अपना बचाव करने में सक्षम नहीं है, उसपर हमला करना तथा गड़े मुरदे उखाड़ने से मेरी समझ से कभी सफलता नहीं मिलती। अतः एक बार फिर आपसे अपील करता हूँ कि कश्मीर के प्रश्न पर अपने विचारों में संतुलन रखने, सभी दृष्टिकोणों से समस्या का निदान करने—के उद्देश्य से आवश्यक है कि सबको साथ लेने का प्रयास करें। मुझे पूरा विश्वास है कि आपको महाराजा से अनुकूल प्रत्युत्तर प्राप्त होगा और आप देखेंगे कि जम्मू-कश्मीर के लोगों को एक साथ चलने का अवसर मिलेगा। आप पाएँगे कि जम्मू-कश्मीर के लोगों की प्रगति के लिए हमारे पास केवल मित्रता व सहयोग की भावना ही है। मेरा प्रयास रहेगा कि यह भावना विगत भूलों पर बिना किसी कड़वाहट के अंत तक बलवती बनी रहे और भविष्य में पश्चात्ताप के लिए कोई स्थान न बचे। मेरा सुझाव है कि आप स्वयं अपना सही मार्ग चुनें, जैसाकि जवाहरलाल ने कहा है—भिन्न राय रखने से उद्देश्य सिद्ध नहीं होता।

सादर,

भवदीय

वल्लभभाई पटेल

शेख मोहम्मद अब्दुल्ला
नई दिल्ली

---

* सरदार पटेल द्वारा भेजे गए पत्र की प्रति उपलब्ध नहीं है। सुश्री मणिबेन पटेल से पत्र का प्रारूप पूछकर उसी प्रारूप के आधार पर पत्र प्रेषित किया गया।

41

भारत की कश्मीर संबंधी नीति पर विदेशी समाचार-पत्रों की पक्षपातपूर्ण आलोचना पर सरदार पटेल द्वारा सभी प्रधानमंत्रियों (मुख्यमंत्रियों) को लिखा पत्र

नई दिल्ली
15 अक्तूबर, 1948

प्रिय प्रधानमंत्रीजी,

हाल ही में कश्मीर और हैदराबाद में हमारी नीति की विदेशी राजनीतिज्ञों एवं पत्रकारों द्वारा आलोचना की गई है, जो स्वाभाविक तौर पर पूर्वग्रह से ग्रस्त तथा एकपक्षीय है। इसके कारण भी उनके दृष्टिकोण के अनुसार ही हैं। भारत को स्वतंत्रता प्रदान करने की इच्छा केवल कुछ ही ब्रिटिश लोगों की थी। अभी भी ब्रिटिश प्रशासनिक सेवा एवं स्वार्थी तत्त्व तथा अन्य लोगों में भारत पर अपना अधिकार व प्रभाव समाप्त हो जाने के लिए पश्चात्ताप व कटुता का भाव देखा जा सकता है। उनमें भारत के प्रति विद्वेष की भावना विद्यमान है। भारत की समृद्धि व वैभव, उसकी सफलता से उनमें अप्रकट रूप से शत्रुता की भावना पैदा होती है। प्रायः हमारे कार्यों का दुष्प्रचार करके पक्षपातपूर्ण आलोचना की जाती है। मैं आशा करता हूँ कि प्रधानमंत्री की यूरोपीय देशों की यात्रा से इन आलोचकों को स्थिति को सही दृष्टिकोण से देखने की प्रेरणा मिलेगी।

सुरक्षा परिषद् के पहले ही बर्लिन विवाद में व्यस्त होने के कारण हैदराबाद प्रकरण को ठंडे बस्ते में डाल दिया गया है। संकेत मिले हैं कि पाकिस्तान द्वारा इस मुद्दे को जीवित रखने का प्रयास किया जाएगा। कुछ भी हो, हमने अपने प्रतिनिधिमंडल को किसी प्रकार की चर्चा न करने के निर्देश दे दिए हैं, इस धारणा को बनाए रखने के लिए कि सुरक्षा परिषद् में हैदराबाद मुद्दे को उठाए जाने का सवाल ही नहीं है।

कश्मीर के संबंध में संयुक्त राष्ट्र आयोग अभी अपनी रिपोर्ट तैयार ही कर रहा है। हाल के संकेतों से पता चला है कि कुछ सप्ताह में ही झगड़े का रूप व्यापक हो जाएगा। हम शीतकाल में अपने संभरण में वृद्धि करने की सोच रहे हैं, जबकि हम हैदराबाद में किसी बड़ी मुहिम पर नहीं हैं तो कश्मीर

युद्ध पर अधिक ध्यान दे सकते हैं। फिर भी, शीघ्र परिणाम मिलने की आशा नहीं कर सकते। यद्यपि इस बात के संकेत मिले हैं कि पाकिस्तान सरकार हमें अपने संसाधनों पर अतिरिक्त बोझ समझने लगी है और इससे संभव है कि वह समझौते के पक्ष में कुछ नरम रुख अपनाए, जिसे आयोग के द्वारा प्रस्तुत किया जाएगा।

हैदराबाद में हमारे कार्यों व नीतियों के संबंध में मिथ्या प्रचार किया जा रहा है। जैसा कि मैंने कुछ दिन पूर्व एक जनसभा में घोषित किया था कि हमारा पहला कार्य कानून व्यवस्था में सुधार लाना है। ऐसी परिस्थितियाँ हैदराबाद में उत्पन्न करनी हैं कि शीघ्रातिशीघ्र विधानसभा के लिए शांतिपूर्वक आम चुनाव कराए जा सकें। कानून व्यवस्था बनाए रखने में हमें पर्याप्त सफलता मिल रही है। रजाकारों की समस्या का समाधान काफी हद तक कर लिया गया है। नलगोंडा व वारंगल जिलों में साम्यवादियों की धमकियों का सामना किया जा रहा है। धीरे-धीरे प्रशासन को भी सामान्य रूप दिया जा रहा है।

मुझे आशंका है कि वहाँ पर पाकिस्तान के साथ संबंधों में बाहरी दृष्टि से कुछ परिवर्तन हुआ है। आपने प्रधानमंत्री के भाषणों व प्रसारणों में पाकिस्तान के प्रति मित्रतापूर्ण बातें सुनी होंगी। पाकिस्तान के प्रधानमंत्री का उत्तर उनकी अपनी शैली में लाक्षणिक ही है। उन्होंने यह जताने का प्रयास किया है कि पाकिस्तान अपनी ओर से मित्रतापूर्ण संबंध बनाने का प्रयास कर रहा है और हम ही उनके सुविचारित कार्यों पर नकारात्मक रवैया अपना रहे हैं। भारत के प्रति झूठ, द्रोह, घृणा व दुष्प्रचार को बढ़ावा दिया जा रहा है, विशेषकर उर्दू प्रेस द्वारा भारतीय नेताओं तथा केंद्रीय व राज्य सरकारों के प्रति। लियाकत अली खाँ ने कई टेलीग्राम भारत के प्रधानमंत्री के नाम भेजे हैं, जिनमें शांति व मित्रता की भावना की बातें की गई हैं, किंतु साथ ही इसका भी ध्यान रखा गया है कि कश्मीर समस्या को उनकी तुष्टि के अनुसार ही सुलझाया जाना चाहिए। स्पष्ट है कि हम कश्मीर के मूल्य पर शांति नहीं खरीद सकते। किंतु प्रायः कश्मीर की समस्या को दोहराने की उनकी बात से लगता है कि कश्मीर उनकी छाती में काँटे की तरह चुभ रहा है।

राज्यों के मामलों में एक महत्त्वपूर्ण घटना राज्यों के एकीकरण (जोड़ने) की है। यह कार्य गत दिसंबर में आरंभ किया गया था और हैदराबाद की जटिलता के समाधान के साथ एकता को वह स्वरूप प्रदान किया गया है, जो

पिछली कई शताब्दियों में नहीं हुआ था। रियासतों का स्वतंत्र अस्तित्व समाप्त कर उनका भारतीय संघ में विलय तथा उन्हें राज्य का स्वरूप प्रदान कर एक सामान्य धरातल पर खड़ा करने की भारतीय शासन-पद्धति को अपनाया गया है।

भवदीय
वल्लभभाई पटेल

सभी प्रधानमंत्रियों को

42

कश्मीर और हैदराबाद समस्या पर पं. नेहरू द्वारा सरदार पटेल को लिखा पत्र

पेरिस
27 अक्तूबर, 1948

कश्मीर और हैदराबाद दोनों ने यहाँ लंदन में लोगों को बहुत चिंतित किया है। यद्यपि यह माना जा रहा है कि अंतरराष्ट्रीय दृष्टिकोण से हैदराबाद का मामला समाप्त हो गया है। बड़े ही सौभाग्य की बात है कि शीघ्रता से इसे निपटा लिया गया, अन्यथा प्रतिक्रिया हमारे प्रतिकूल होती; क्योंकि हर बात का स्पष्टीकरण कठिन होता है और सामान्य बात यह है कि एक बड़ा देश एक छोटे से राज्य पर आक्रमण कर लोगों को प्रभावित कर रहा है। जहाँ तक कश्मीर का प्रश्न है, आमतौर पर कहा जाता है कि हमारा पक्ष मजबूत है, फिर भी यह जनमत-संग्रह की बात तथा उसे संचालित करनेवाली स्थिति लोगों के मस्तिष्क में भरी रहती है। लोग इसे भूल नहीं सकते कि कश्मीर मूलत: मुसलिम बाहुल्य है, इसलिए स्वाभाविक है, मुसलमान पाकिस्तान के पक्ष में रहेंगे! उनका कहना है कि यदि इसे मान लिया जाए कि जनमत-संग्रह होना चाहिए तो युद्ध बंद करने तथा शांति स्थापना में क्या परेशानी है? लियाकत अली ने एक ही बात पर जोर दिया है और वह है जनमत-संग्रह की शर्तें, जिन्हें अभी तय किया जाना चाहिए और तब वह प्रसन्नतापूर्वक संयुक्त राष्ट्र आयोग के प्रस्ताव के अनुसार युद्ध बंद करने के लिए सहमत हो जाएगा। वह कहता है कि शर्तें सुरक्षा परिषद् के प्रस्ताव के अनुसार ही होनी चाहिए। मैंने

स्पष्ट कर दिया है कि हम स्वाभाविक रूप से इसे स्वीकार नहीं कर सकते। दूसरा सुझाव यह है कि शर्तों के लिए किसी अन्य समझौते पर पहुँचा जाए। मैं नहीं समझता कि इससे अभी कहीं भी पहुँचा जा सकता है। संभवत: हम कश्मीर सरकार के विषय में किसी भी प्रकार के बाहरी हस्तक्षेप को स्वीकार नहीं कर सकते।

मैं यह सब आपको लिख रहा हूँ, केवल आपको—इस संबंध में बढ़ रही बातों से अवगत कराने के लिए। मैं यह भी बता दूँ कि मैंने कश्मीर पर जो विचार बनाया है, वह पूरी तरह से स्वीकृत होगा। संयुक्त राष्ट्र संघ आयोग के युद्ध विराम प्रस्ताव पर या जिस प्रकार पिछले दिनों वार्त्ता की थी—विभाजन की सीमा पर कि पश्चिमी पुंछ, गिलगित, चित्राल, बाल्टिस्तान का अधिकांश भाग भारत को दिया जाए, पर पाकिस्तान को इनमें से कुछ भी स्वीकार नहीं।

आपको और अपने अन्य साथियों को समझाना चाहता हूँ कि कश्मीर समस्या तथा हैदराबाद में घटित घटनाओं पर अन्य देश बहुत ही बारीकी से दृष्टि गड़ाए हुए हैं, यद्यपि वे इस संबंध में अधिक बातें नहीं करते! वे केवल यह देखना चाहते हैं कि भारत अपनी स्थिति किस प्रकार बनाए रख सकेगा।

अत: इन दोनों स्थानों पर अपना एक-एक पग बढ़ाते समय हमें इस तथ्य को ध्यान में रखकर चलना होगा।

43

सरदार पटेल द्वारा पाकिस्तान के साथ संबंधों के बारे में राज्यों के प्रमुखों को लिखा पत्र

प्रिय प्रमुख गणो,

मैंने अपने पिछले पत्र में आपको प्रधानमंत्री की विदेश यात्रा के विषय में लिखा था। आपने निस्संदेह प्रेस रिपोर्ट देखी ही होगी, उन्होंने अपने व्यक्तित्व से ग्रेट ब्रिटेन तथा फ्रांस में अपना प्रभाव डाला तथा वे जहाँ भी गए, उनका स्वागत किया गया। अपने व्यस्त कार्यक्रम में प्रधानमंत्री ने कुछ समय निकालकर मुझे पत्र लिखा, यह बहुत बड़ी बात है। उनके पत्र से ज्ञात होता है कि उन्हें अनेक अंतरराष्ट्रीय स्तर के मामलों में भारत का दृष्टिकोण समझने में तथा हमारे विचारों के लिए सहानुभूति प्राप्त करने में बहुत बड़ी सफलता मिली है।

हर प्रकार से लगता है कि हैदराबाद के मामले में सुरक्षा परिषद् ने सोचना बंद कर दिया है।

जहाँ तक कश्मीर का प्रश्न है तो युद्ध चल ही रहा है, जैसा पहले चल रहा था। किसी भी पक्ष की स्थिति में कोई विशेष अंतर नहीं आया है। हमारी सेना को कुछ लाभ हुआ है और कबाइलियों के आक्रमण का सामना कर उन्हें पीछे धकेल दिया गया है, विशेषकर टिथवाल में। इस समय हम एक मामूली बर्फीले, किंतु महत्त्वपूर्ण स्थान पर लड़ रहे हैं। प्रारंभ में हमें कुछ सफलता मिली है तथा योजनानुसार कार्य पूरा हो जाएगा। प्रधानमंत्री ने पाकिस्तान के प्रधानमंत्री से तीन बार वार्त्ता की है। एटली, बेविन तथा उनकी एक व्यक्तिगत वार्त्ता पेरिस में हुई है; किंतु इस समस्या के समाधान हेतु कोई प्रगति न हो सकी। दोनों पक्ष अपनी-अपनी स्थिति पर अड़े रहे और उनमें किसी प्रकार का परिवर्तन संभव नहीं हुआ। पाकिस्तान के प्रधानमंत्री की ओर से सद्भावना व मित्रता की बात होती रही, किंतु व्यावहारिक रूप से उन बातों पर विचार करने का कोई कारण नहीं था।

हमारी एक और समस्या पाकिस्तान के साथ उठ रही है, वह है पूर्वी बंगाल से लोगों का पलायन, जो अचानक पिछले पखवाड़े में बढ़ गया है। मुझे पश्चिम बंगाल सरकार के प्रमुख ने बताया कि वे अब और अधिक शरणार्थियों को स्वीकार करने में असमर्थ हैं। फिर भी पूर्वी बंगाल में आर्थिक व राजनीतिक परिस्थितियाँ ऐसी हैं कि अभी भी कुछ और मुसलमान पश्चिम बंगाल में शरण लेना चाहते हैं। हम उत्सुकता से इसे देखते ही जा रहे हैं। हमें यह सामान्य लग रहा है। भारत और अधिक शरणार्थियों को पूर्वी व पश्चिमी बंगाल में बिना क्षेत्रीय पुनर्गठन के सहन नहीं कर सकेगा। प्रधानमंत्री ने शरणार्थियों की इस समस्या पर पाकिस्तान के प्रधानमंत्री से वार्त्ता की है, जिन्होंने पूर्वी बंगाल जाने का आश्वासन दिया है कि वे अल्पसंख्यकों को आश्वस्त करेंगे और उनकी समस्याओं का निवारण करवाएँगे। अब देखना है कि नवंबर के अंत तक उनकी यात्रा का कुछ लाभ होता है या नहीं।

पाकिस्तान में कट्टरपंथियों द्वारा हैदराबाद में भारतीय सेनाओं द्वारा कथित अत्याचारों की झूठी कहानियाँ फैलाई जा रही हैं, जिससे वातावरण विषाक्त हो रहा है। गुप्तचरी के पागलपन, जिसे मैंने अपने पिछले पत्र में बताया था, ने भी पाकिस्तान को जकड़ा हुआ है। यहाँ तक कि पाकिस्तानी समाचार-पत्रों में हमारे उच्चायुक्त को भी गुप्तचरी के आरोप में फँसाया जा रहा है।

एक ओर हमें पाकिस्तान से विरोध-पत्र प्राप्त हुआ है कि पशिचम बंगाल सरकार चार क्षेत्रों में अपना अधिकार जमाना चाहती है, जिसे पूर्वी बंगाल ने आक्रमण का रूप दे दिया है। हम दुर्बल स्थिति में थे। जब मानसून के आने से नदियों में बाढ़ आई तो हम नदी-पार के भूभागों पर अपनी पकड़ बनाए नहीं रख सके और अब जब पानी घट रहा है तो हम केवल शक्ति के बल पर ही अधिकार कर सकते हैं। इस पर पाकिस्तान सरकार ने शोर मचाना शुरू कर दिया है। हमने पाकिस्तान से स्पष्ट कह दिया है कि हम उस भूमि पर से अपना कब्जा नहीं छोड़ सकते जो हमारी है, और हम मानते हैं कि उसे अपने अधिकार में बनाए रखने के लिए हम पूरा प्रयास करेंगे।

भवदीय

वी.जे. पटेल

44

सरदार पटेल द्वारा पाकिस्तान को कश्मीर से दूर रहने के संबंध में दी गई चेतावनी

27 नवंबर, 1948

"अगर उन्होंने हमारे साथ अपना भाग्य लिखना तय कर लिया है तो हम कश्मीर और उसकी जनता को अपने से अलग नहीं करेंगे।" भारत के उपप्रधानमंत्री सरदार पटेल ने जनसमूह को संबोधित करते हुए यह भावुकतापूर्ण घोषणा की।

संयुक्त राष्ट्र सुरक्षा परिषद् में पाकिस्तान के विदेश मंत्री जफरुल्ला खाँ की धमकी का जिक्र करते हुए कि अगर भारत कश्मीर से अपनी सेनाओं को नहीं हटाता तो पाकिस्तान ज्यादा सैन्य बल भेजेगा और हवाई हमले का प्रयोग करेगा, सरदार पटेल ने कहा, "हम इस तरह की धमकियों से डरनेवाले नहीं हैं।"

अगला मोरचा हैदराबाद था। "हमने निजाम से कारण जानने और उचित कदम उठाने का बार-बार निवेदन किया। हमने बताया कि उनके समक्ष जो विकल्प था, वही जूनागढ़ का भाग्य था। उन्होंने हमारी बात नहीं सुनी। अब वह कह रहे हैं कि उन्हें गलत राय दी गई थी। अब वह विलय के लिए तैयार

हैं। कश्मीर ने भी हमारा विरोध नहीं किया; लेकिन वह अलग-थलग ही रहा। अगर उनके द्वारा समय पर काररवाई की गई होती तो पिछले एक साल में हुई दु:खद घटनाओं से बचा जा सकता था।

"जब जरूरत के समय राज्य ने हमसे संपर्क किया और जनता व शासक दोनों हमारे पास मदद के लिए आए तो हमने तुरंत उनकी सहायता की। हमने अपनी सेना और सामग्रियाँ उनकी सुरक्षा के लिए भेजीं। अब युद्ध को बीते एक साल हो गया है। यह मुद्दा संयुक्त राष्ट्र के समक्ष अब भी विचाराधीन है और कोई समझौता नहीं हो पा रहा है।

"आज पाकिस्तान के विदेश मंत्री इस तथ्य पर पश्चात्ताप कर रहे हैं कि हमने (भारत) अधिक सैन्य बल भेजा है और उन्हें वापस भेजने की कोशिश कर रहे हैं। साथ ही, उन्होंने यह भी धमकी दी है कि अगर हमने सेना को वापस नहीं बुलाया तो उन्हें अतिरिक्त सैन्य बल भेजने और हवाई हमले के प्रयोग की जरूरत पड़ेगी। हम इस तरह की धमकियों से डरनेवाले नहीं। आखिरकार हमें अपने ही राज्य को विश्वासघात और आक्रमण से बचाने के लिए सेना और सामग्री भेजनी होगी। ऐसा करने का हमें पूरा अधिकार है।"

45

सरदार पटेल को कश्मीर समस्या के शीघ्र समाधान का विश्वास

6 दिसंबर, 1948

पिछली रात ग्वालियर, लश्कर और मोरार के नागरिकों की ओर से प्रस्तुत किए गए नागरिक संबोधन का जवाब देते हुए उपप्रधानमंत्री सरदार पटेल ने घोषणा की कि "अपनी सीमाओं की सुरक्षा के लिए हमने व्यापक इंतजाम किए हैं और कोई बाहरी शक्ति हम पर हमला करने का साहस नहीं कर सकती।"

समस्त राज्यों के विलय की प्रगति की समीक्षा करते हुए सरदार पटेल ने व्याख्या की कि किस तरह सबसे बड़े राज्य हैदराबाद को उसके सही स्थान पर रखा गया था। उन्होंने तालियों की गड़गड़ाहट के बीच यह घोषणा की, "हम बहुत जल्द कश्मीर समस्या को भी सुलझा लेंगे।"

सरदार पटेल ने चेतावनी देते हुए कहा कि सरकार किसी भी सांप्रदायिक संगठन के राजनीति में प्रवेश को रोकने के लिए प्रतिबद्ध है। उन्होंने आर.एस.एस. के युवाओं से अपनी गतिविधियों को बंद करने और कांग्रेस में शामिल होने की अपील की।

उपप्रधानमंत्री ने यह खुलासा किया कि आर.एस.एस. के पाँच सौ कार्यकर्ता सत्याग्रह के उद्‌देश्य से दिल्ली पहुँच गए हैं, जो बिलकुल उचित नहीं है। उन्होंने आर.एस.एस. के सदस्यों से गंभीरता से निवेदन किया कि "वे अपने दृष्टिकोण को बदलें। उन्हें (आर.एस.एस.) यह समझना चाहिए कि सरकार राज्य में शांति को चुनौती देनेवाली किसी भी स्थिति को बरदाश्त नहीं कर सकती।" उन्होंने सुना कि कुछ लोग सत्याग्रह का समर्थन जारी रखना चाहते थे। सरदार पटेल ने कहा, "मैं उन्हें आगाह करता हूँ कि इस तरह की चुनौती से निपटने के लिए आवश्यक संसाधन हमारे पास हैं।"

साम्यवादियों की गतिविधियों का जिक्र करते हुए सरदार पटेल ने कहा, "वे देश में विदेशी संस्कृति अपनाने पर जोर डालने की कोशिश कर रहे हैं और केंद्र सरकार को कमजोर करने के लिए जोरदार प्रयास कर रहे हैं।"

सरदार पटेल ने कहा, "ईमानदार मुसलमान के साथ सगे भाई की तरह व्यवहार किया जाना चाहिए और अगर कोई सोचता है कि उन्हें मुसलमानों को परेशान करने की आजादी है तो इस स्वतंत्रता का कोई फायदा नहीं है।"

46

जम्मू में चलाए जा रहे हिंदू आंदोलन के बारे में खुफिया रिपोर्ट पर पं. नेहरू द्वारा सरदार पटेल को लिखा पत्र

नई दिल्ली
17 अप्रैल, 1949

प्रिय वल्लभभाई,

दो दिन पहले एच.वी.आर. आयंगर (गृह सचिव) ने मुझे अपने एक खुफिया अधिकारी की रिपोर्ट की एक प्रति भेजी, जिसे कश्मीर भेजा गया था। यह रिपोर्ट बहुत ही रोचक और खुलासा करनेवाला दस्तावेज थी। इस रिपोर्ट में ऐसी कोई नई बात नहीं थी, जो हम नहीं जानते थे; परंतु फिर भी इसमें

कुछ मुख्य बिंदुओं पर चर्चा की गई है। मैंने यह रिपोर्ट गोपालस्वामी आयंगर को भेज दी है, जो इसे एच.वी.आर. आयंगर को भेज देंगे।

इस रिपोर्ट में दूसरी चीजों के साथ जम्मू क्षेत्र में बढ़ रहे हिंदू आंदोलन, जिसे क्षेत्रीय जनमत-संग्रह भी कहते हैं, की चर्चा की गई थी। इसका आधार यह विश्वास है कि पूरे कश्मीर के लिए जनमत-संग्रह से हम इसे खोने जा रहे हैं, इसलिए कम-से-कम हम जम्मू को तो बचा ही लें। आपको याद होगा कि कुछ महीने पहले महाराजा ने इसी तरह का एक प्रस्ताव भेजा था। मुझे ऐसा लगता है कि इस तरह का प्रचार हमारे लिए बहुत हानिकारक है। भविष्य में जो भी हो, मुझे नहीं लगता कि जम्मू क्षेत्र हमसे अलग होने जा रहा है। अगर हम जम्मू प्रांत को पाना चाहते हैं और शेष राज्य पाकिस्तान को देने को तैयार हैं, तो मुझे कोई शंका नहीं है कि कुछ ही दिनों में यह मुद्दा उठना तय है। हम जिस क्षेत्र के लिए लड़ रहे हैं, वह कश्मीर घाटी है।

क्षेत्रीय जनमत-संग्रह के लिए यह प्रचार जम्मू, दिल्ली और अन्य राज्यों में जारी है। यह प्रचार जम्मू प्रजा परिषद् के द्वारा चलाया जा रहा है। हमारे खुफिया अधिकारी ने यह सूचना दी है कि इस संगठन को वित्तीय सहायता महाराजा द्वारा प्राप्त हुई है। इसके अलावा धर्मार्थ कोष के लिए एकत्रित बहुत बड़ी रकम, जिस पर महाराजा का नियंत्रण है, उसके प्रचार के लिए प्रयोग में लाई जा रही है। इन सबके परिणामस्वरूप एक असाधारण और दुर्भाग्यपूर्ण परिस्थिति उत्पन्न हो गई है।

हम जानते हैं कि शेख अब्दुल्ला और उनके कुछ सहयोगी जनता के समक्ष मूर्खतापूर्ण वक्तव्य देते रहे हैं। उन्होंने अनुचित तरीके से महाराजा की आलोचना की है और उन्हें हटाने के लिए कहा है। बीती रात मैंने अब्दुल्ला से लंबी बातचीत की और उन्हें एक बार फिर चेताया कि इस मुद्दे पर उनका रवैया कितना गलत और दुर्भाग्यपूर्ण है तथा वह किस तरह अपने एवं हमारे लिए परेशानी खड़ी कर रहे हैं। उन्होंने अपनी पुरानी शिकायतों को दोहराया, जिसमें वही सब बातें शामिल हैं जो हमारे खुफिया अधिकारी ने बताई थीं। उन्होंने वादा किया कि वह भविष्य में महाराजा के खिलाफ कभी कुछ नहीं कहेंगे, लेकिन वह बहुत ही अप्रसन्न थे।

आज प्रातः करियप्पा मुझसे मिलने आए। वह हाल ही में जम्मू व कश्मीर से लौटे हैं। उन्होंने मुझे अपनी रिपोर्ट सौंपी। उन्होंने कहा कि

महाराजा और शेख अब्दुल्ला के बीच का यह विवाद न सिर्फ राज्य में बल्कि सेना में भी बुरा प्रभाव छोड़ रहा है। उन्होंने बताया कि महाराजा का साला खुले तौर पर शेख अब्दुल्ला और उनकी सरकार के खिलाफ दुष्प्रचार कर रहा है तथा इस मुद्दे पर परचे बाँट रहा है। उन्होंने कहा कि वह यह नहीं समझ पा रहे हैं कि इस परिस्थिति के लिए किसे दोष दिया जाए, लेकिन यह तय है, इसके परिणाम घातक होंगे।

ये परिणाम निश्चित रूप से घातक हैं और मुझे लगता है कि इस मुद्दे को अधिक बढ़ावा देना हमारे लिए भी बहुत अच्छा नहीं है। आपको याद होगा कि कुछ समय पहले हमने इस मुद्दे पर चर्चा की थी। इस चर्चा में गोपालस्वामी आयंगर और दूसरे लोग भी उपस्थित थे। आखिर में हम इस निष्कर्ष पर पहुँचे कि महाराजा के भविष्य का फैसला करने के लिए कश्मीर विधानसभा क्षेत्र के लोग ही निर्णय करेंगे और उनका रुझान जानने के लिए उचित कदम उठाने होंगे। लेकिन अब इस बात की परम आवश्यकता है कि महाराजा को कुछ समय के लिए अवकाश पर चले जाना चाहिए और कश्मीर में नहीं रहना चाहिए। यह प्रस्तावित था कि इस मुद्दे को महाराजा के सामने रखा जाए और उनसे इस उद्देश्य के लिए दिल्ली आने को कहा जाए। चूँकि तब से वह यहाँ नहीं हैं, इसलिए मुझे नहीं लगता कि इस बारे में कुछ किया गया है। इस बीच राज्य में परिस्थितियाँ और बिगड़ गई हैं और शेख अब्दुल्ला व महाराजा के समर्थकों के बीच खुला संघर्ष जारी है।

यह संघर्ष राहत कार्यों में सम्मिलित हो गया है, जो सांप्रदायिक क्षेत्रों में चलाया जा रहा है। खुफिया रिपोर्ट में इस बात का उल्लेख है कि युवराज इसमें शामिल हो रहे हैं। यह दुर्भाग्यपूर्ण होगा, क्योंकि वर्तमान में युवराज काफी लोकप्रिय हैं। अगर वह इन सब विवादों से जुड़ते हैं तो वह भी अलोकप्रिय हो जाएँगे।

कश्मीर के संबंध में आनेवाले दो-तीन महीने काफी संवेदनशील होंगे और संभवतः इसे लेकर बहुत से परिणाम सामने आ सकते हैं। जितना संभव हो सके, हमें हर परिस्थिति के लिए तैयार रहना होगा। लेकिन इन नतीजों के लिए तैयार रहने पर महाराजा और अब्दुल्ला के बीच बढ़ते हुए विवाद का भारी प्रभाव पड़ेगा। मैं सोचता हूँ कि हमें इस मुद्दे से खुद को जोड़ लेना चाहिए, ठीक उसी तरह जैसा पहले बताया गया है और उसी के

अनुसार कदम उठाने चाहिए। मैं परसों बाहर जा रहा हूँ, इसलिए इस मुद्दे को आपके सामने रखना चाहता हूँ, ताकि आप इसपर विचार कर सकें। मैं भी इस सबको लेकर काफी चिंतित हूँ और महसूस करता हूँ कि इस बारे में कुछ किया जाना चाहिए।

मैं इस पत्र की एक प्रति गोपालस्वामी आयंगर को भेज रहा हूँ।

भवदीय

जवाहरलाल नेहरू

माननीय सरदार वल्लभभाई पटेल
नई दिल्ली

47

महाराजा हरि सिंह व शेख अब्दुल्ला के बीच विवाद तथा श्रीनगर में गैर-मुसलिम शरणार्थियों के विषय पर पं. नेहरू द्वारा सरदार पटेल को लिखा पत्र

नई दिल्ली
18 अप्रैल, 1949

प्रिय जवाहरलाल,

आपके 17 अप्रैल, 1949 के पत्र के लिए धन्यवाद। मैं सोचता हूँ कि हम सब मानते हैं कि महाराजा व शेख अब्दुल्ला के बीच का विवाद रोंगटे खड़े करनेवाला होता जा रहा है। हम किसी एक को दोषी नहीं मान सकते। जैसा कि रिपोर्ट से स्पष्ट है कि शेख साहब के प्रशासन ने कई लोगों के हितों को इस प्रकार से दुष्प्रभावित किया है कि असंतोष व बेचैनी का दोष किसी एक व्यक्ति पर थोपना कठिन है। गुप्तचर रिपोर्ट में एक से अधिक चौंकानेवाली बातें हैं। इनमें महाराजा की रिपोर्ट महत्त्वपूर्ण है और मैं स्वीकार करता हूँ कि इसे शीघ्रता से सुलझाया जाना आवश्यक है। मुझे प्रसन्नता है कि रिपोर्ट को आपने रुचिकर एवं कई बातों को प्रकट करनेवाली पाया तथा गोपालस्वामी आयंगर को सौंप दिया। रिपोर्ट में दी गई कोई भी समस्या नई नहीं है और न विशेष प्रकार की सूचना ही। हमें इन सभी को अल्प समय में ही सुलझाना है, यही अच्छा रहेगा।

आप शायद यह मानते हैं कि महाराजा के विषय में पिछली वार्त्ता के बाद कोई काररवाई नहीं की गई है। मैं तीन-चार बार उन्हें संदेश भेज चुका हूँ कि वे यहाँ आएँ। करीब चार-पाँच दिन पूर्व उनके व्यक्तिगत सहायक सचिव (कैप्टन कँवलसिंह) यहाँ आए थे। शंकर ने उन्हें समझाया था कि महाराजा का यहाँ यथाशीघ्र आना कितना आवश्यक है; किंतु अभी तक कोई उत्तर नहीं मिला है। शंकर को कहा गया है कि महाराजा के कुछ कर्तव्य हैं और उन्हें मई के दूसरे सप्ताह में यहाँ आना चाहिए। अब एक संदेश भी महाराजा के पास भेज दिया गया है कि इस सप्ताह में किसी दिन वे यहाँ आएँ। मेरा अनुमान है कि महाराजा को इस बात की भनक लग गई है कि क्या होने वाला है और वे कठिन परीक्षा का सामना करने के प्रतिकूल हैं। यह उनके स्वभाव के अनुकूल है, जैसा कि हम उन्हें समझते हैं। मैं उन्हें एक टेलीग्राम भेज रहा हूँ और सोचता हूँ कि इससे उन्हें निर्णय लेने में सुविधा होगी कि वे यहाँ आएँ।

जहाँ तक सहायता-कार्य का प्रश्न है, मुझे विश्वास है कि थिमैया ने आपको श्रीनगर में गैर-मुसलिम शरणार्थियों की समस्याओं और विपदाओं के विषय में अवगत कराया होगा। आपको याद होगा कि आपके कहने पर हमने जम्मू प्रांत में गैर-मुसलिम शरणार्थियों के लिए नगरोटा में शिविर खोलने के लिए कहा था। ऐसा लगता है कि श्रीनगर के शरणार्थियों को देखने में किसी की रुचि नहीं। ऐसी दशा में उनकी देखभाल के लिए किसी को अवश्य रहना चाहिए। फिर उन्हें ऐसी शिकायत क्यों करनी चाहिए कि सहायता का काम सांप्रदायिक आधार पर हो रहा है।

भवदीय

वल्लभभाई पटेल

माननीय पं. जवाहरलाल नेहरू

नई दिल्ली

48

वर्तमान परिस्थिति में महाराजा और महारानी को राज्य से बाहर जाकर रहने तथा युवराज को अवयस्क शासक के रूप में कश्मीर में रहने के प्रस्ताव पर सरदार पटेल द्वारा पं. नेहरू को लिखा पत्र

नई दिल्ली
11 मई, 1949

प्रिय जवाहरलाल,

आपको याद होगा कि आपके यू.के. जाने से कुछ समय पहले आपने कश्मीर के महाराजा के विषय में लिखा था। मैंने महाराजा को बुलाया था और वे यहाँ 29 अप्रैल तथा 1 मई को आए थे। जब मैंने उन्हें पूरी स्थिति समझाई और उन्हें अपने विचारों से अवगत कराया कि इन परिस्थितियों में उनके अपने मंत्रिमंडल से संबंध एवं संयुक्त राष्ट्र संघ में समस्या डालने से, साथ ही जनमत-संग्रह की बात पर उनके लिए उचित होगा कि वे कुछ समय के लिए राज्य से दूर रहें और युवराज को शासक नियुक्त कर दें। वे दोनों (महारानी भी उपस्थित थीं) इस सुझाव से सकते में आ गए थे और मैंने समझ लिया था कि उन्हें इसका बड़ा आघात लगा। वार्त्तालाप के अंत में 29 अप्रैल को वे व्याकुल हो गए थे, फिर भी मैंने उनसे इस बात पर सोचने के लिए कहा। मैंने शंकर से भी उनसे बात करने के लिए कहा और उन्होंने महाराजा एवं महारानी से पृथक् दो या तीन बार लंबी वार्त्ता की। लगता है कि उन्होंने सुझाव को स्वीकार कर लिया है। महाराजा से प्राप्त पत्र की एक प्रति संलग्न कर रहा हूँ, जिस पर हमें तुरंत विचार करना होगा। मेरा सुझाव है कि इस विषय पर अपना स्थिर मत बनाने हेतु कल किसी समय हम मुलाकात करें। इसलिए मैं महाराजा के पत्र की प्रति एवं गोपालस्वामी को भेजे गए अपने पत्र की प्रति संलग्न कर रहा हूँ।

भवदीय
वल्लभभाई पटेल

माननीय पं. जवाहरलाल नेहरू
नई दिल्ली

49

महाराजा व महारानी के कश्मीर से बाहर रहने के संबंध में पं. नेहरू द्वारा सरदार पटेल को लिखा पत्र

नई दिल्ली
18 मई, 1949

प्रिय वल्लभभाई,

वी.पी. मेनन ने गोपालस्वामी के प्रारूप को ठीक करने के आपके सुझाव को मुझे दिखाया। वे सुझाव सम्मिलित कर लिये गए हैं। शेख अब्दुल्ला को भेजे जानेवाले पत्र की एक प्रति संलग्न है। मुझे आशा है कि इससे जनता में होनेवाले छोटे-छोटे कलह समाप्त हो जाएँगे। शेख अब्दुल्ला को प्रभावित किया गया है और मैं एक पृथक् पत्र उन्हें इस बात के संबंध में भेज रहा हूँ।

मैं मान लेता हूँ कि महाराजा व महारानी कुछ महीनों के लिए राज्य से बाहर रहेंगे, जैसा कि स्वीकार किया गया है। बंबई का घर उनके लिए उपयुक्त रहेगा। अच्छा होता, यदि वह कुछ समय—दो-तीन महीने—के लिए देश से बाहर चले जाते; किंतु इसका निर्णय स्वयं उन्हें ही करना है। मैं नहीं समझता कि महाराजा की अनुपस्थिति के लिए कोई समय सीमा निश्चित की जानी चाहिए, यह मामला अनिश्चित ही रखा जाना चाहिए।

स्वाभाविक है कि महारानी अपने पुत्र से ज्यादा दिनों तक दूर नहीं रहना चाहेंगी। मैं नहीं सोचता कि उन्हें बिलकुल बाहर रखना आवश्यक होगा। वे बाद में अपने पुत्र को देखने आ-जा सकती हैं। वर्तमान में मैं सोचता हूँ कि सबके भले के लिए दोनों—महाराजा व महारानी—बाहर ही रहें।

मुझे आशा है कि आप महाराजा व महारानी तथा युवराज को समझा सकेंगे कि शेख अब्दुल्ला के साथ क्या समझौता हुआ है। लिखित समझौते में महाराजा के बाहर रहने के विषय में कुछ नहीं कहा गया है। यह व्यक्तिगत तौर पर किया गया मौखिक आश्वासन है और स्वाभाविक रूप से इसपर हमें अमल करना होगा।

मैं 28 मई शनिवार को दो दिन के लिए श्रीनगर जाना चाहता हूँ।

भवदीय
जवाहरलाल

माननीय सरदार वल्लभभाई पटेल
नई दिल्ली

50

कश्मीर के संविधान के मूल प्रारूप में संशोधन हेतु सरदार पटेल द्वारा गोपालस्वामी आयंगर को लिखा पत्र

नई दिल्ली
16 अक्तूबर, 1949

प्रिय गोपालस्वामी,

आपके 15 अक्तूबर के पत्र, जिसे मैंने आज ही अपराह्न में संविधान सभा से वापस आने पर प्राप्त किया, के लिए धन्यवाद।

मैं उसमें कुछ ठोस परिवर्तन देख रहा हूँ, विशेषकर मौलिक अधिकारों तथा राज्य के नीति निदेशक सिद्धांतों में। आप स्वयं समझ सकेंगे कि यह राज्य भारत का अभिन्न अंग होने के बावजूद किसी भी प्रावधान को माननेवाला नहीं है।

पार्टी द्वारा पारित पूरे प्रबंध-तंत्र, जो स्वयं शेख अब्दुल्ला की उपस्थिति में किया गया था, में किसी प्रकार के संशोधनों को मैं स्वीकार नहीं करता। जब भी शेख साहब उससे पीछे हटना चाहें, वह हमेशा हमारा सामना करना चाहते हैं—वह भी जनता के प्रति अपने कर्तव्य जताकर। यह सच है कि उनका भारत अथवा भारत सरकार के प्रति अथवा अपने व्यक्तिगत आधार पर आपके और प्रधानमंत्री के, जिन्होंने उन्हें बीच में लाने में अपनी सीमा से अधिक कार्य किया के प्रति कोई कर्तव्य नहीं है।

इन परिस्थितियों में किसी भी प्रकार से इसे स्वीकार करने का मेरे लिए प्रश्न ही पैदा नहीं होता। यदि आप सोचते हैं कि यही करना उपयुक्त होगा तो आप इसे आगे बढ़ा सकते हैं।

भवदीय
वल्लभभाई पटेल

माननीय श्री एन. गोपालस्वामी आयंगर
नई दिल्ली

51

जम्मू व कश्मीर में जनमत-संग्रह प्रस्ताव पर गैर-मुसलिमों की प्रतिक्रिया पर सरदार पटेल द्वारा पं. नेहरू को लिखा पत्र

संबंधित अंश

देहरादून
3 जुलाई, 1950

प्रिय जवाहरलाल,

मैं कश्मीर के संबंध में चिंतित हूँ, विशेषकर शेख साहब की धारणा से, राज्य में साम्यवादियों से निपटने में उनकी विफलता तथा नेशनल कॉन्फ्रेंस में मतभेदों से। मैंने पी.सी. चौधुरी* से वार्त्ता की। उन्होंने जो कुछ कहा, उससे ऐसा लगता है कि घाटी के लोगों पर नेशनल कॉन्फ्रेंस तथा शेख अब्दुल्ला दोनों की ही पकड़ ढीली हो रही है; वे अलोकप्रिय हो रहे हैं। साथ ही ऐसा लगता है कि जो कुछ हमने घाटी में भेजा है, वह अपर्याप्त है। ऐसी स्थिति में और आज की विश्व स्थिति में मैं आपसे सहमत हूँ कि जनमत-संग्रह अनावश्यक है। ऐसा करना निश्चित रूप से भयावह होगा; क्योंकि मेरी अपनी धारणा है कि एक बार बात चल पड़ी तो जम्मू व कश्मीर में गैर-मुसलिम बेचैनी अनुभव करने लगेंगे और हमें भारत की ओर उनका पलायन होते देखना पड़ेगा। यह अतिरिक्त बिंदु होगा कि हम जनमत-संग्रह की आरंभिक शर्तें प्रभावकारी ढंग से पूरी कर लें, तब फिर उसकी बात करें।

भवदीय
वल्लभभाई पटेल

माननीय पं. जवाहरलाल नेहरू

---

* सूचना एवं प्रसारण मंत्रालय में सचिव।

भाग-2

हैदराबाद

भूमिका

इस खंड में संकलित मूल प्रलेख भारत तथा विदेशों में विभिन्न संग्रहालयों, समसामयिक समाचार-पत्रों तथा व्यक्तिगत पत्रों से प्राप्त किए गए हैं। इनके अध्ययन से ज्ञात होता है कि हैदराबाद के भारत में विलय से संबंधित तत्कालीन उपप्रधानमंत्री तथा गृहमंत्री सरदार वल्लभभाई पटेल के प्रयासों की यह वास्तविक कथा है।

भारत की स्वतंत्रता-प्राप्ति की पूर्व संध्या पर हैदराबाद के निजाम की महत्त्वाकांक्षा थी कि भारत, पाकिस्तान अथवा ऑस्ट्रेलिया के समान एक प्रभुता-संपन्न देश की तरह वह भी आजादी का जश्न मनाए। उसे विंस्टन चर्चिल के नेतृत्ववाले टोरी दल का समर्थन प्राप्त था। फिर भी सत्तासीन लेबर पार्टी ने यह स्पष्ट कर दिया था कि ब्रिटिश शासन की समाप्ति के बाद वे चाहेंगे कि रियासतें या तो भारत के साथ जुड़ें अथवा पाकिस्तान के साथ। निजाम के वैधानिक परामर्शदाता सर वाल्टर मोंकटन, जिनके माउंटबेटन से मित्रतापूर्ण संबंध थे, ने बहुत प्रयास किया कि हैदराबाद को भी पृथक् राज्य के रूप में स्वामित्व प्रदान किया जाए; किंतु लॉर्ड माउंटबेटन ने इसे स्वीकार नहीं किया।

रक्षा एवं विदेश नीति तथा संचार व्यवस्था के प्रश्न पर सरदार पटेल ने स्पष्ट कर दिया था कि विलय उसी प्रकार किया जाएगा जिस प्रकार अन्य रियासतों का किया गया है। विलय के संबंध में एकमात्र छूट यह स्वीकार्य थी कि हैदराबाद की जनता इसपर निर्णय लेगी। उन्होंने लॉर्ड माउंटबेटन को लिखे 24 अगस्त, 1947 के पत्र में इसी बात को दोहराया। उन्होंने शंका जताई थी कि दो महीने का जो समय हैदराबाद के निजाम को दिया गया था कि अपना

मन पक्का कर लें, उस अवधि को वह समझौता-वार्त्ता की बजाय सैनिक तैयारी के लिए उपयोग में ला रहे थे।

निजाम की ओर से समझौता-वार्त्ता करनेवालों में छतारी के नवाब, वाल्टर मोंकटन तथा सर सुल्तान अहमद थे। वे सभी समझदार और अनुभवी व्यक्ति थे। देखने में भोले और वार्त्ता में वास्तविक परिस्थिति को समझनेवाले, अधिकांश रूप से हैदराबाद के पक्षधर। मोंकटन ने माउंटबेटन को हैदराबाद का पक्ष लेने के लिए मना लिया था कि अपने मंत्रिमंडल, विशेषकर नेहरू व पटेल, को यथास्थिति बनाए रखने के लिए मनाने का प्रयास करें। सरदार पटेल उसके प्रस्ताव को मानने के लिए बिलकुल तैयार नहीं थे; किंतु माउंटबेटन द्वारा जोर देने पर अपनी स्वीकृति दे दी—इस शर्त पर कि समझौते की शर्तें संतोषजनक रहें।

यह एक बहुत बड़ी उपलब्धि थी। हैदराबाद के रजाकारों का नेता कासिम रिजवी, जो मुसलमानों का सर्वमान्य व निर्विरोध नेता था, ने इस प्रकार के प्रबंध को स्वीकार नहीं किया। उसके परामर्श से निजाम ने इस माँग को ठुकरा दिया। इसका तीनों समझौता करानेवालों ने विरोध किया और विरोधस्वरूप उन्होंने अपने पद से त्यागपत्र दे दिया।

इन परिस्थितियों में निजाम के पास कोई विकल्प नहीं रह गया कि वह विदेशी मामले, रक्षा एवं संचार साधन भारत सरकार को सौंप दे और उसने 29 नवंबर, 1947 को यथास्थिति समझौते पर हस्ताक्षर कर दिए।

इस बीच रजाकारों के प्रभाव में आकर मीर लाइक अली को परिषद् का अध्यक्ष बनाया गया। इस पद को हैदराबाद में प्रधानमंत्री के समकक्ष माना गया। उसके हाथ में बागडोर आने पर रियासत में अनेक तैयारियाँ आरंभ हो गईं, जो भारत-विरोधी थीं। हैदराबाद सरकार ने राज्य में भारतीय मुद्रा के परिचलन पर रोक लगा दी तथा हैदराबाद से भारत को बहुमूल्य धातुओं के निर्यात पर अनेक रुकावटें डाल दीं। उसने भारतीय सुरक्षित निधि से लगभग 20 करोड़ रुपए पाकिस्तान को भेज दिए। राज्य सरकार के अनेक वरिष्ठ अधिकारियों का संपर्क पाकिस्तान से हो गया। वे चेकोस्लोवाकिया से अस्त्र-शस्त्र की खरीद के लिए समझौता-वार्त्ता करने लगे, किंतु इसमें उन्हें सफलता नहीं मिली। फिर भी सैनिक सामान का आयात पाकिस्तान के वायुमार्ग से होने लगा। हथियारबंद रजाकारों से मद्रास व बंबई की सीमाओं पर मुठभेड़ होने लगी।

निजाम ने मोंकटन के प्रति अप्रसन्नता व्यक्त की और एक टेलीग्राम को बीच में ही पकड़ लिये जाने पर कि उसका भारत संघ में न मिलने का अंतिम निर्णय है—वह लॉर्ड माउंटबेटन का उसे मनाने के लिए आने पर स्वागत नहीं करेगा। इतना ही नहीं, उसने हिंदू-मुसलिम एकता व साहचर्य को दोहरे चरित्रवाली तथा गांधीजी की प्रस्तावित यात्रा को नीच हरकत कहकर निरर्थक बताया। निजाम ने 5 जनवरी, 1948 को एक और तार भेजा, जिसमें लॉर्ड माउंटबेटन पर नेहरू व पटेल के हाथों की कठपुतली होने का आरोप लगाया और भविष्य में हैदराबाद का मित्र मानने से ही इनकार कर दिया।

हैदराबाद में भारत के मुख्य प्रतिनिधि के.एम. मुंशी ने 27 फरवरी, 1948 के अपने पत्र द्वारा लाइक अली के साथ अपनी बैठक, जिसमें व्राल्टर मोंकटन व मोइन नवाज ने भी भाग लिया, के विषय में पटेल को सूचित किया। उन्होंने स्पष्ट कहा कि निजाम हैदराबाद का भारत में विलय नहीं चाहता, अपितु ऐसा समझौता जिसमें तीन विषय, जैसे—विदेश संबंधी मामले, रक्षा तथा संचार साधन ही स्वीकार किए जाएँ तथा संवैधानिक सुधार 50-50 प्रतिशत के आधार पर होंगे। मुंशी को भारत सरकार के द्वारा किए गए निर्णय, जैसे—एक उत्तरदायी सरकार की स्थापना तथा इतिहास, को समाप्त करना था।

22 अप्रैल, 1948 को हैदराबाद में भारत के मुख्य प्रतिनिधि ने एक और पत्र में पटेल को सूचित किया कि ऐसा लगता है कि नेहरू ने लाइक अली के 50-50 के प्रस्ताव को मान लिया है। हैदराबाद के सरकारी वर्गों में यह भावना भी फैलाई जा रही है कि अंतरराष्ट्रीय प्रतिनिधित्व के कारण भारत किसी प्रकार की सैनिक काररवाई नहीं करेगा और केवल हमलावरों को हैदराबाद भेजेगा, जैसे कि पाकिस्तान ने कश्मीर में किया था। मुंशी को लगा कि भारत सरकार की निष्क्रियता का अर्थ उसकी दुर्बलता तथा कैंपवेल जॉनसन की भेंट से इस भावना को और भी बल मिल रहा है।

मुंशी का सोचना गलत नहीं था, जैसा कि 27 मई, 1948 को पं. नेहरू द्वारा पटेल को लिखे पत्र से विदित होता है, जिसमें उन्होंने अपने विचार जैसाकि वे समझते हैं, 60 : 40 का सिद्धांत कुछ विशेष कारणों से कुछ समय पूर्व मान लिया गया था और यह तथ्य कि हैदराबाद 100 प्रतिशत मुसलिम राज्य था। वह चाहता था कि हैदराबाद समस्या को उसके पूर्ण संदर्भ के आधार पर लिया जाए और वह इस दृष्टि से भी कि हम कश्मीर में भी उलझे

हुए हैं और संसाधनों तथा सैनिक साजो-सामान के अभाव में यह अत्यंत लाभकारी सिद्ध होगा, यदि हैदराबाद समस्या का इस प्रकार समाधान हो सके कि पूर्ण प्रभाव के साथ उसे अपने नियंत्रण में लिया जा सके।

यह बड़ा अद्भुत है कि नेहरू के दृष्टिकोण और भारत में ब्रिटिश कमांडर-इन-चीफ सर रॉय बुकर के दृष्टिकोण में काफी समानता है कि दो क्षेत्रों में भारत का युद्ध लड़ना भारत के हित में नहीं होगा—यानी हैदराबाद व कश्मीर में; क्योंकि हमारी सेना तथा संसाधन सीमित हैं। किंतु सरदार पटेल ने उनकी राय को एक ओर रख दिया, जिस पर सर रॉय बुकर ने पर्यवेक्षण किया—

> "सरदार पटेल पूर्णत: सहमत नहीं हुए और अंत में उनका हैदराबाद की सैनिक स्थिति का अनुमान मुझसे अधिक सही निकला। मुझे नहीं मालूम कि वह अपने गुप्तचरों से किस प्रकार यह पता कर सके, किंतु उन विप्लवी दिनों में उनके कार्य बहुत ही विलक्षण थे।"

सरदार पटेल ने 4 जून को उत्तर भेजा, जो ठोस और सिद्धांतों पर आधारित था—

> सांप्रदायिक दंगों का सामना करने तथा सभी राजनीतिक मामलों में हाल ही में अपनाए गए असांप्रदायिक दृष्टिकोण को ध्यान में रखते हुए और किसी भी प्रकार के सांप्रदायिक आधार पर लिये गए निर्णय, जो अल्पसंख्यक आधार पर छूट देने को कहे, का हम केवल विरोध करेंगे।

सरदार पटेल अल्पसंख्यकों को सुरक्षा देने के मामले में कुछ छूट देने को तैयार थे; किंतु जैसा कि उन्होंने कहा, 'बंदूक की नाल पर तथा सशस्त्र संगठनों के प्रभाव में आकर मैं इसे कतई नहीं मान सकता।' उन्होंने स्पष्ट करना चाहा कि किसी भी प्रकार की छूट केवल हैदराबाद की विधानसभा ही दे सकती है।

एस. गोपाल द्वारा लिखित 'नेहरू की जीवन-गाथा' के अनुसार, हैदराबाद पर सैनिक काररवाई करने का श्रेय पं. नेहरू को जाता है, जो तथ्यों के विपरीत है। फिर भी एस. गोपाल के इस विचार से हम सहमत हैं कि हैदराबाद में सैनिक काररवाई का निश्चय ही पूरे देश पर अच्छा प्रभाव पड़ा।

यह एस. गोपाल, जो एक विख्यात इतिहासकार थे, से अपेक्षित था कि वह श्रेय उसी व्यक्ति को देते, जो उसका वास्तविक अधिकारी था।

जवाहरलाल को भय था कि सरदार पटेल सैनिक काररवाई करने का विचार रखते होंगे, इसीलिए 6 जून, 1948 के अपने पत्र द्वारा उन्होंने सरदार पटेल को सचेत किया, "अन्य किसी उपाय के परिणामों में अत्यंत खतरा तथा अनिश्चय है।" उन्होंने इसमें कश्मीर का संदर्भ भी दिया और पुनः कहा कि हैदराबाद में किया गया शांतिपूर्ण समझौता कश्मीर में भी सहायक होगा। वे चाहते थे कि किसी प्रकार की काररवाई कम-से-कम दो महीनों के लिए टाल दी जाए, यदि दूसरी ओर से गंभीर व उत्तेजनापूर्ण व्यवहार न हो।

इस बीच सरदार पटेल को पता चला कि हैदराबाद का एक प्रतिनिधिमंडल गवर्नर जनरल से मिलने जा रहा है। अतः उन्होंने सोचा कि कुछ करने से पूर्व अपने विचारों से माउंटबेटन को अवगत कराया जाए। 24 अगस्त, 1947 के अपने पत्र में उन्होंने गवर्नर जनरल लॉर्ड माउंटबेटन को स्पष्ट रूप से लिखा कि विलय-पत्र में किसी प्रकार के परिवर्तन से यह भावना पनपेगी कि उसे रोके रखने में लाभ होगा, अन्यथा वह राष्ट्र के लिए कष्टदायी व हानिप्रद होगा।

सरदार पटेल ने हैदराबाद की स्थिति से नेहरू को अवगत कराया। उन्होंने वाल्टर मोंकटन से निजाम के विषय में कहा कि वह निष्क्रिय है। कासिम रिजवी और उसके कट्टर अनुयायियों पर नियंत्रण रखने में वह अयोग्य है। उन्होंने 31 मार्च, 1948 को रिजवी के भाषण पर नेहरू का ध्यान आकृष्ट किया कि मुसलमानों को अपने खून की अंतिम बूँद गिरने तक हैदराबाद को स्वतंत्र रखने के लिए उकसाया और कहा, "हम दक्षिण पर पिछले 800 वर्षों से शासन करते आ रहे हैं और हम यह करते रहेंगे, चाहे भारतीय संघ इसे पसंद करे या न करे।"

जैसाकि हम जानते हैं, माउंटबेटन हैदराबाद व भारत में उनके भावी संबंधों के विषय में समझौते कराने के लिए बेचैन हैं। इस संबंध में सर वाल्टर मोंकटन ने निजाम की स्वीकृति से एक समझौते का पुनः एक प्रारूप तैयार किया और भारत सरकार की स्वीकृति लेने के लिए दिल्ली चला गया। माउंटबेटन उसे स्वीकार करने के पक्ष में था, किंतु सरदार पटेल इसपर अड़े रहे, विशेषकर निजाम और उसके परामर्शदाताओं की प्रवृत्ति, जिन्होंने उनके

अपने प्रारूप को—जिसे भारत सरकार ने भी मान लिया था—को रद्द कर दिया था।

तब सरदार पटेल देहरादून में स्वास्थ्य-लाभ कर रहे थे। माउंटबेटन ने इसे समझौते का अंतिम अवसर माना, जो निजाम द्वारा भी स्वीकार्य था। भारत छोड़ने से पहले माउंटबेटन सरदार पटेल से विदाई लेने देहरादून गए। वह अपने वायुयान में जवाहरलाल नेहरू, डॉ. राजेंद्र प्रसाद, गोपालस्वामी आयंगर तथा बलदेव सिंह को भी ले गए और वहाँ सरदार पटेल से कहा कि यदि वे चाहें तो उनका विचार नए समझौते को उनके (वल्लभभाई पटेल के) हस्ताक्षरों के लिए रखने का है। उनका विश्वास था कि सरदार पटेल नहीं मानेंगे; किंतु यदि राज्यों से संबंधित मंत्री होने के कारण वह मान गए तो वे भी इसे मान लेंगे। माउंटबेटन के ही शब्दों में—

> "वहाँ पहुँचने के तुरंत बाद मैंने वे कागजात पटेल को पढ़ने के लिए दिए। वह गुर्राए, 'धृष्टता! मैं इसपर हस्ताक्षर नहीं करूँगा।' मैंने वह विषय यहीं छोड़ दिया और तदुपरांत हम सबने उदास मन से दोपहर का भोजन किया। जैसा कि मुझे मालूम था कि न मैं फिर पटेल से मिलूँगा, न वह मुझसे। लंच के बाद सरदार पटेल बड़े भावुक हो गए और बोले—"भारत आपका ऋणी रहेगा। हम आपके प्रति प्यार तथा कृतज्ञता किस प्रकार सिद्ध कर सकते हैं? जो आप माँगेंगे और जो मेरी सामर्थ्य में होगा वह आपको दिया जाएगा।"
>
> मैंने अपने मन को मजबूत किया, क्योंकि मैं भी प्रभावित हो गया था और उत्तर में कहा, "यदि आप इतने सच्चे व उदार हैं तो इस कागज पर हस्ताक्षर कर दें।" वे भौचक्के रह गए—"क्या हैदराबाद से समझौता आपके लिए इतना अर्थ रखता है?" उन्होंने धीमे स्वर में पूछा। मैंने कहा, "हाँ, क्योंकि भारत की प्रतिष्ठा दाँव पर है।" पटेल ने प्रारूप पर हस्ताक्षर कर दिए और अश्रुपूर्ण नेत्रों से मुझे बाहुपाश में जकड़ लिया। अन्य सब लोग अचंभित थे। मैं अपनी सफलता के साथ प्रसन्नतापूर्वक दिल्ली वापस आ गया और हस्ताक्षरित प्रतिलिपि वाल्टर मोंकटन को थमा दी। मोंकटन को अपने भाग्य पर कठिनाई से विश्वास आया। वह तुरंत हैदराबाद के लिए रवाना हो गया।

माउंटबेटन आगे लिखते हैं—

"तब एक विस्मयकारी घटना हुई। निजाम और उसके सलाहकारों ने अपने ही प्रारूप को नकार दिया और अन्य संशोधनों के साथ, जिन पर पहले भी अनेक बार चर्चा हो चुकी थी, भारत सरकार ने उसे अस्वीकार कर दिया था। वाल्टर मोंकटन निराश होकर वापस आया। उसने उस तथ्य का वर्णन इन शब्दों में किया—"आप लोग अपना ही प्रारूप मानने से इनकार कर रहे हैं और इसके साथ ही शांतिपूर्ण समझौते के अंतिम प्रयास से भी। इसके बाद यदि सांप्रदायिक दंगे-फसाद हुए तो भारत अपनी सेनाओं को वापस भेजकर हैदराबाद पर अधिकार कर लेगा।" हैदराबाद का प्रधानमंत्री लाइक अली बोला, "हम अंतिम क्षण तक लड़ेंगे", किंतु अंतिम शब्द मोंकटन के थे—"तुम पहले जहाज से कराची भागोगे।"

शेष सब इतिहास है। माउंटबेटन का कथन है—"इस प्रकार वल्लभभाई पटेल का मुझसे मित्रता का अंतिम कार्य ही कारण बना हैदराबाद की समस्या हल करने का, जिससे विश्व में उनकी छवि में उल्लेखनीय निखार आया।" किंतु यह संभवत: उनके मित्र वाल्टर मोंकटन के कथन की पुष्टि हेतु था।

माउंटबेटन ने भारत छोड़ा और रजाकारों ने समझौते की शर्तों को मानने से इनकार कर दिया। दुर्भाग्य से नेहरू ने हमेशा सांत्वना देनेवाला एवं भावुकतापूर्ण वक्तव्य दिया कि निजाम व रजाकारों को खुली छूट है कि वे इन प्रस्तावों को किसी भी समय अपनी इच्छानुसार चुन सकते हैं। फिर भी, सरदार पटेल ने एक जनसभा में स्पष्ट कर दिया कि माउंटबेटन के प्रस्ताव उन्हीं के साथ चले गए। जैसा कि उन्होंने एन.वी. गाडगिल को 21 जून, 1948 को पत्र लिखा कि "अब किसी प्रकार की हिचकिचाहट नहीं होनी चाहिए और हैदराबाद के विरुद्ध आर्थिक प्रतिबंध लगाए जाने चाहिए।" और आगे कहा कि "यदि हम अब भी ढीले रहे तो हम न केवल अपने देश को हानि पहुँचाएँगे, अपितु स्वयं के लिए भी खाई खोदेंगे।" उन्होंने कहा कि "सेना हर प्रकार की परिस्थिति से निपटने के लिए तैयार रहे।"

सरदार पटेल को गोपनीय स्रोत से पता चला कि बरार व मध्य प्रांत के मुसलमान न केवल निजाम के प्रति सहानुभूति रखते हैं, बल्कि उसे हर संभव सहायता देने के लिए भी तैयार हैं। अत: सरदार पटेल ने आदेश दिए

कि सरकारी कर्मचारियों के अतिरिक्त सभी लाइसेंसवाले तथा छूटवाले हथियारधारी अपने हथियारों को तत्काल निकटस्थ पुलिस स्टेशनों में जमा करा दें। यद्यपि बाद में हिंदुओं, जो भरोसेमंद थे, को अपने हथियार रखने की अनुमति दी गई।

पाकिस्तान के प्रधानमंत्री लियाकत अली ने अपना खेल खेला और एक वक्तव्य दिया कि पंजाब के अतिरिक्त किसी भी अन्य प्रांत के मुसलमानों को पाकिस्तान में प्रवेश नहीं करने दिया जाएगा। उनका विचार था कि भारत के अन्य प्रदेशों के मुसलमान भी हैदराबाद जाने के लिए प्रोत्साहित किए जाएँ। सरदार पटेल को ज्ञात हुआ कि मध्य प्रांत का एक मंत्री डॉ. हसन सारे समाचार पाकिस्तान में अपने भाई को भेजता रहता था, जो उन्हें जिन्ना तक पहुँचाता था। बाद में जब इस बात का पता चला तो उसे गोपनीय बैठकों में भाग लेने की अनुमति नहीं दी गई।

रजाकारों ने एक भारतीय गाँव पर हमला कर पाँच पुलिसकर्मियों की हत्या कर दी। यह जानकर सरदार पटेल को अतिशय क्रोध आया। उन्होंने एक पत्र में रक्षामंत्री बलदेव सिंह को आशंका जताई कि "भारत को हर प्रकार से अपमानित किया जा रहा है। हमारी सेना मजबूत स्थिति में होते हुए भी पूरी तरह रोकथाम करने या आर्थिक दंड देने में विफल रही है।" उन्होंने हैदराबाद सरकार से बिना शर्त क्षमा-याचना करने तथा नुकसान की भरपाई करने के लिए कहा। उन्होंने तदनुसार पं. नेहरू को भी सूचित कर दिया।

पटियाला के महाराजा ने भी सरदार पटेल को तार द्वारा सूचित किया कि हैदराबाद के मुसलमानों ने नांदेड़ साहब—हैदराबाद में सिखों का धार्मिक स्थल—को घेर लिया है। इससे पहले भी उन्हें नेहरू ने बताया था कि हैदराबाद गोवा के रास्ते से हथियार आयात कर रहा है तथा यूरोप में जनरल एल्डूज हथियार प्राप्त करने की गतिविधियों में लिप्त है।

अब तक सरदार पटेल ने सैनिक काररवाई का अपना विचार पक्का कर लिया था, जैसाकि उन्होंने कहा—'हैदराबाद में पुलिस एक्शन'। इस काररवाई के लिए जिन व्यक्तियों को नेतृत्व दिया गया, उनमें मेजर जनरल जे.एन. चौधुरी प्रमुख थे, जिनसे सरदार पटेल ने देहरादून के सर्किट हाउस में, जहाँ वे स्वास्थ्य लाभ कर रहे थे, एक घंटे तक प्रश्नोत्तर किए। उन्होंने जानना चाहा कि कितनी शीघ्रता से सैनिक काररवाई की जा सकती है? चौधुरी ने बताया कि विषम परिस्थितियों में दस दिन तथा सामान्य स्थिति में छह दिन। जनरल

चौधुरी ने आगे कहा—"सर, यदि आप मुझे सोमवार को प्रातः वहाँ भेजेंगे तो भी मैं पूरा कार्य समाप्त करके शनिवार दोपहर को पुणे में रेस देखने आ जाऊँगा।"

मेजर जनरल चौधुरी बताते हैं कि "इसपर सरदार का चेहरा सर्द हो गया।" फिर हँसकर चौधुरी को 'रास्कल' (बदमाश) कहा और लंच के लिए रोकने के साथ ही चेतावनी भी दी कि "यह असैनिक ढंग का शाकाहारी भोजन होगा। समय का प्रश्न नहीं दोहराया गया।"

यह संयोग ही था कि हैदराबाद में पुलिस काररवाई 12 सितंबर, 1948 को जिन्ना की मृत्यु के एक दिन बाद की गई। इस संबंध में यह स्मरण करना रोचक होगा कि पं. बंगाल के तत्कालीन मुख्यमंत्री डॉ. बी.सी. रॉय ने सरदार पटेल से फोन द्वारा जानना चाहा कि क्या भारतीय झंडे झुकाए जाने चाहिए? इस पर सरदार पटेल का स्पष्ट उत्तर था, "क्यों? क्या वह आपका संबंधी था?" फिर न चाहते हुए भी पड़ोसी देश के एक शीर्षस्थ नेता की मृत्यु पर झंडे झुकाने की अनुमति दे दी।

10 सितंबर, 1948 को डॉ. सुशीला नैयर को लिखे पत्र में सरदार पटेल ने हैदराबाद पर काररवाई में विलंब करने के लिए अपनी अप्रसन्नता जताई—

> इस पत्र के आप तक पहुँचने से पहले ही हैदराबाद पर काररवाई शुरू हो चुकी होगी। यदि हमने समय पर यह सब किया होता तो आज की अनेक विषम परिस्थितियों से बच सकते थे। पहले यह मैं अकेला ही सोच रहा था, पर अब सभी मेरे दृष्टिकोण से सोचने लगे हैं; किंतु अत्यधिक विलंब हो चुका है और हमें इसके खट्टे फल चखने ही होंगे।

प्रो. एन.जी. रंगा, पं. नेहरू, मौलाना आजाद तथा माउंटबेटन को हैदराबाद में काररवाई करने में विलंब का कारण मानते हैं। इससे पता चलता है कि सरदार पटेल किस प्रकार से विषम परिस्थितियों में घिरे हुए थे। प्रो. रंगा लिखते हैं—

> हैदराबाद के संबंध में सरदार पटेल स्वयं महसूस करते हैं कि जवाहरलाल द्वारा प्रधानमंत्री पद के अधिकार की धौंस पर विरोध किया गया है। इस लड़ाई में मौलाना आजाद व माउंटबेटन से भी सहयोग मिला। सरदार पटेल हैदराबाद के भारत में शीघ्र विलय के

पक्ष में थे। किंतु जवाहरलाल ने स्वीकार नहीं किया। माउंटबेटन की कूटनीति ने किसी भी प्रकार की कारवाई को विलंबित किया।

सरदार पटेल का बिगड़ता स्वास्थ्य चारों ओर से आ रहे भारी दबावों को बड़ी कठिनाई से झेल पा रहा था, जिसने उनके जीवन का अंत अतिशीघ्र कर दिया। रंगा ठीक कहते हैं—

> अपने दिल पर अधिक दबाव को झेलते हुए भी सरदार पटेल ने अपनी इच्छा पूरी कर हैदराबाद को भारत का एक अंग बना दिया। जवाहरलाल के शीघ्र निर्णय न ले पाने के कारण इतना अधिक समय लगा, जितना कि सरदार पटेल की कूटनीति के द्वारा 600 से अधिक रियासतों को भारत संघ में मिलाने पर भी नहीं लगा था।

भारतीय सेना मेजर जनरल जे.एन. चौधुरी के नेतृत्व में 13 सितंबर, 1948 को अपना कार्य संपन्न करने हेतु हैदराबाद में घुसी। यह उसका अपना निर्णय था। किसी के सुझावों को न मानते हुए कारवाई शुरू हुई। सरदार पटेल ने हैदराबाद की यात्रा की और जनरल चौधुरी के साथ रहे, जिन्होंने इतने महत्त्वपूर्ण व्यक्ति के आतिथ्य को अपना गौरव समझा। चौधुरी उन दिनों को याद करते हैं कि सरदार पटेल व उनकी पुत्री मणिबेन ने उन्हें सामान्य रूप से कार्य करने दिया और कुछ कष्टों को सहते हुए भी कितना स्वाभाविक व मैत्रीपूर्ण ढंग से रहे।

लगभग दो वर्ष बाद चौधुरी ने लिखा कि सरदार पटेल की मृत्यु का समाचार उन्हें तब मिला जब वह एक विशाल सैनिक अभ्यास करा रहे थे। पहले उन्होंने सोचा कि एक राष्ट्रीय नेता की क्षति एवं उनके प्रति सम्मान के लिए अभ्यास बंद कर दिया जाए; किंतु पुनर्विचार कर मुझे लगा कि सरदार इसे कभी स्वीकार नहीं करते। राष्ट्र का कार्य चलते रहना चाहिए, अत: अभ्यास चलता रहा।

अन्य अनेक लोगों के साथ एन.सी. मेहता ने सरदार पटेल को हैदराबाद की सफलता के लिए बधाई दी और लिखा कि इस कारवाई को भारतीय इतिहास में स्वर्णाक्षरों में लिखा जाएगा। वल्लभभाई हैदराबाद की सफलता से हर्षित थे, किंतु वह जानते थे कि पाकिस्तान तथा ब्रिटेन इस मामले को लेकर शोर-शराबा करेंगे, क्योंकि उन्होंने कभी नहीं सोचा होगा कि हमारी कारवाई

इतनी उत्साहजनक सफलता प्राप्त करेगी और वह भी इतने शांतिपूर्ण ढंग से। उन्हें पता था कि संयुक्त राष्ट्र संघ भी राजनीति से अछूता नहीं है, जैसा कि उन्होंने कहा, "उसमें ऐसे लोग भरे हैं जो हमें परेशान करने के लिए इस मामले को घसीटते रहेंगे। किंतु जब सभी मामले इतने अच्छे ढंग से सुलझा लिये गए हैं तो अब जो कुछ भी उबाल उनमें आएगा, उसका इस देश पर किसी प्रकार का प्रभाव नहीं पड़ेगा।"

अरवामुध आयंगर निजाम की परिषद् का एक सदस्य था, जो पूरी काररवाई की सफलता के श्रेय का अधिकारी है; क्योंकि वह निजाम परिषद् की सभी वार्त्ताओं व निर्णयों की सूचना गोपालस्वामी आयंगर को देता रहा। सरदार ने इस सूचना को आधार बनाकर पूर्ण रूप से अपनी योजना तैयार की। जनरल के.एम. मुंशी भी गुप्तचरों से प्राप्त गोपनीय सूचना से दिल्ली के अधिकारियों को अवगत कराते रहे।

विलक्षण बुद्धि के सरदार पटेल ने हैदराबाद को किसी प्रकार की विशेष सुविधा नहीं दी, जिससे अन्य मुसलिम राजकुमार इस विषय पर खिन्न न हो जाएँ कि यदि वे भी रुक जाते तो उन्हें भी विशेष सुविधाएँ मिल जातीं। एक रिपोर्ट के अनुसार, हैदराबाद से एक प्रतिनिधिमंडल रफी अहमद किदवई तथा डॉ. जाकिर हुसैन से मिलने आया। रिपोर्ट के अनुसार, किदवई ने उनकी बातों को सही पाया तथा नेहरू से बात करने का आश्वासन दिया। डॉ. जाकिर हुसैन ने राजनीतिक मामलों में अपनी अनभिज्ञता प्रकट की, किंतु आश्वासन दिया कि उनके विचारों को नेहरू तक पहुँचा देंगे। मौलाना आजाद पूरी तरह दृढ़ रहे और उन्हें सलाह दी कि जब तक हैदराबाद भारत में सम्मिलित नहीं होता तब तक किसी राजघराने या राज्य के लिए कोई अवसर नहीं है।

इस संबंध में यह जानना रुचिकर होगा कि सुहरावर्दी ने हैदराबाद में सफलतापूर्वक काररवाई पूरी हो जाने पर 21 सितंबर, 1948 को सरदार पटेल को लिखा कि यदि हैदराबाद में यथास्थिति बनी रही होती तो निश्चय ही मुसलमानों का पूरी तरह सफाया हो जाता। उसने सरदार पटेल के दृढ़ संकल्प, सही नेतृत्व एवं कुशल राजनीतिज्ञ के रूप में भूरि-भूरि प्रशंसा की।

यह भी महत्त्वपूर्ण है कि सर अकबर हैदरी, जो असम के राज्यपाल थे और जिनके पिता हैदराबाद के प्रधानमंत्री थे, ने उस समय परामर्श दिया था कि निजाम और उसके परिवार को हैदराबाद पर शासन करने से वंचित किया जाना चाहिए। विश्वास था कि रियासत तीन भागों में बँट जाएगी—तेलंगाना

आंध्र प्रदेश में, मराठवाड़ा महाराष्ट्र में तथा कन्नड़ क्षेत्र बंबई में अथवा एक अलग कन्नड़ प्रांत भी बनाया जा सकता है।

निजाम के अक्खड़ मिजाज का होते हुए भी सरदार पटेल किसी के प्रभाव में नहीं आए कि निजाम या उसके वंशजों को हटा दिया जाए, जैसाकि बाद में कश्मीर में किया गया। यद्यपि यहाँ पर वे नेहरू से पूर्णतः सहमत थे और निजाम वंश का शासन चलने दिया गया। सच तो यह है कि निजाम को सर्वाधिक प्रिवीपर्स दिया गया। उसका महल तथा विशेष अधिकार एवं सुविधाएँ, जो उसे प्राप्त थीं तथा जब भी उससे मिलना हुआ तो उसे पूरा सम्मान दिया गया।

यद्यपि हैदराबाद की समस्या को सुलझाने में सरदार पटेल सफल रहे, किंतु उनकी कठिनाइयाँ अभी समाप्त नहीं हुई थीं। कुछ ओछे लोग थे, जिन्होंने नेहरू के कान भरने तथा सरदार की उपलब्धियों को कम आँकने और नेहरू व पटेल के बीच खाई चौड़ी करने का प्रयास किया।

हैदराबाद की संवेदनशील स्थिति को समझे बिना पद्मजा नायडू (सरोजिनी नायडू की बेटी) ने हैदराबाद में राजक्षमा का प्रस्ताव रखा। अपनी हैदराबाद यात्रा की अवधि में सरदार पटेल नरसिम्हा राव सहित अनेक स्थानीय नेताओं से मिले तथा पद्मजा नायडू द्वारा उठाए गए बिंदुओं पर सूचना एकत्रित की। सरदार पटेल ने अक्तूबर 1950 के अपने पत्र में जवाहरलाल से कहा, "जैसा आप कहते हैं कि पद्मजा बहुत संवेदनशील है, पर मैंने तो उसे उच्छृंखल प्रवृत्ति का पाया। यद्यपि स्पष्ट कहूँ तो मुझे इस बात का कोई तर्कसंगत कारण नहीं दिखाई देता।"

सरदार पटेल ने पत्र में लिखा कि 15,654 रजाकारों में से 15,642 रजाकार सितंबर 1950 तक जेल से मुक्त कर दिए गए थे। इस प्रकार केवल 12 रजाकार, जो अत्यंत खतरनाक थे, ही बंदी हैं।

उन्होंने आगे कहा कि आरंभ में जो 2,000 रजाकार बंदी बनाए गए थे, वे विभिन्न दुष्कर्मों में लिप्त थे। उनमें से 340 रजाकार विशेष न्यायालयों के द्वारा अलग-अलग अवधियों के लिए कारागार में भेज दिए गए थे अथवा मृत्युदंड पा चुके थे। शेष या तो छोड़ दिए गए अथवा उनके विरुद्ध लगे आरोप निरस्त कर दिए गए थे। 28 रजाकारों पर अभी भी मुकदमे चल रहे थे, जिन्हें विभिन्न मामलों, जैसे—हत्या अथवा दंगा करने, लूट-खसोट करने, बलात्कार तथा अगवा करने के कारण बंदी बनाया गया था। जहाँ तक

राजकीय कर्मचारियों का प्रश्न है, जिनके विषय में कुमारी पद्मजा नायडू ने विशेष उल्लेख किया था, उनमें 41 मामले वास्तव में पंजीकृत किए गए थे, जबकि केवल 14 को बंदी बनाया गया था। उन 14 में से 8 हत्या, डकैती, रिश्वतखोरी आदि अपराधों के लिए न्यायालय में चल रहे मामलों में वांछित थे, जबकि शेष में से अधिकांश भगोड़े घोषित कर दिए गए थे।

पटेल ने स्वीकार किया कि उस समय किसी भी नीति का निर्धारण मुसलमानों पर अच्छा प्रभाव डाल सकता था; किंतु उन्होंने नेहरू को सचेत किया कि उन्हें अन्य बातों का भी ध्यान रखना होगा, जैसे कि वे, जिन्हें रजाकारों के हाथों दुःख/कष्ट सहने पड़े तथा राजकीय कर्मचारी, जिन्होंने अपने अधिकारों से बाहर निकलकर लोगों को यातनाएँ दीं।

दूसरी बात, पद्मजा ने मीर असगर अली तथा बाकर हुसैन कुरैशी का विशेष संदर्भ दिया। असगर अली के विषय में सरदार पटेल ने कहा कि उसने अनेक लोगों को गोली का शिकार बनाया, जब वे अपने जलते घरों से भाग रहे थे और उन गाँवों को जान-बूझकर उसने ही आग के हवाले किया था, क्योंकि गाँववालों ने कर देने से इनकार किया था। तदनुसार उसे फाँसी की सजा दी गई। बाकर हुसैन कुरैशी को हिंदुओं पर अत्यधिक अत्याचार करने के लिए, जिन्होंने एक मुसलमान की दाढ़ी काट दी थी, आजीवन देश निकाला का दंड दिया गया।

बहुत ही अनोखी बात थी कि प्रधानमंत्री नेहरू ने 10 अक्तूबर, 1950 के अपने पत्र में उपप्रधानमंत्री सरदार पटेल, जो समान स्तर के लिए पद्मजा द्वारा समाचार-पत्रों में छपी काल्पनिक खबर के आधार पर लगाए आरोप कि हैदराबाद में सरदार पटेल के स्वागत समारोह में अत्यधिक व्यय किया गया—के विषय में लिखा। सरदार को बड़ी ठेस पहुँची; किंतु उन्होंने विनम्रता दिखाते हुए वेल्लोडी को इस बात की जाँच के आदेश दिए और नेहरू को लिखा कि उनकी हैदराबाद यात्रा पर कुल व्यय 12,000 रुपए से अधिक नहीं था, जिसमें पुलिस संरक्षण, अधिकारियों का यात्रा-व्यय आदि भी सम्मिलित था। समाचार-पत्रों ने इस बात से इनकार किया कि वह समाचार उनके संवाददाताओं द्वारा दिया गया, बल्कि कुछ समाचार एजेंसियों द्वारा इसे प्रकाशित कराया गया था।

—पी.एन. चोपड़ा

प्रभा चोपड़ा

52

सरदार पटेल द्वारा लॉर्ड माउंटबेटन को हैदराबाद के भारत में विलय के संबंध में लिखा गया पत्र

24 अगस्त, 1947

प्रिय लॉर्ड माउंटबेटन,

मैं बहुत गंभीरतापूर्वक हैदराबाद की स्थिति पर विचार कर रहा हूँ और महामहिम को निजाम के प्रतिनिधिमंडल से मिलने से पूर्व अपने मन की बात बताना उचित समझता हूँ।

2. मुझे निजाम के भारतीय संघ में विलय के अतिरिक्त कोई विकल्प नहीं दिखाई देता। विलय के समझौते में बहुत थोड़ा परिवर्तन अथवा रियासत के भारतीय संघ में विलय के संबंध में तीन नए विषय जोड़ने से न केवल मुझ पर विश्वासघात का आरोप लगेगा बल्कि उन 35 रियासतों, जो पहले ही भारत में मिल चुकी हैं, में यह भावना भी पैदा हो जाएगी कि विलय प्रस्ताव से बाहर रहना ही अधिक लाभकारी होता। इससे भविष्य में होनेवाले विलय समझौतों के दुर्भाग्यपूर्ण परिणाम हो सकते हैं।

3. हमें यह भी समझना है कि हैदराबाद राज्य ने भारतीय संविधान सभा में अपना कोई प्रतिनिधि नहीं भेजा है। संविधान सभा में केवल प्रतिनिधि भेजने मात्र से ही इसे विलय के पक्ष में नहीं माना जा सकता। इस प्रकार प्रतिनिधिमंडल की माँग का क्रमानुसार गला घोंट दिया गया। राज्य के कार्य कम-से-कम भारतीय संघ में संवैधानिक संबंध राज्य की बहुसंख्यक समाज की आधारभूत सहानुभूति एवं नैसर्गिक झुकाव की अवहेलना कर संचालित हो रहा है। दूसरी ओर अल्पसंख्यकों, जो कि शासक

वर्ग है, को अपनी मनमानी करने दी जाती है, यह केवल दबाव व हिंसात्मक आंदोलन है। मेरे पास पुष्ट सूचना है कि इत्तिहाद-उल-मुसलमीन की हाल की गतिविधियों को इस प्रकार से संचालित किया गया है कि जिससे गैर-मुसलिम जनता में भय व्याप्त हो, ताकि उनका हैदराबाद का स्वतंत्रता आंदोलन भी पाकिस्तान की सम्मति-सहायता से आगे बढ़े। यह एक उग्रवादी संगठन है, जो पूरी तरह से सांप्रदायिक है और बाहर के मुसलिमों से सक्रिय सहयोग प्राप्त करता है। वास्तव में अनेक विश्वस्त सूत्रों से प्राप्त रिपोर्टों के अनुसार यह स्वयं निजाम द्वारा संचालित है। मुझे हैदराबाद से कई विश्वसनीय रिपोर्टें मिली हैं कि दो महीने की अवधि, जिसे हमने समझौते पर सोचने के लिए दिया है, उसे अपनी सैनिक तैयारी करने हेतु उपयोग में लाया जा रहा है। निजाम के 8 अगस्त के पत्र का प्रकाशन, जिसे 15 अगस्त के अवसर पर आदेश के रूप में प्रेषित किया गया और उस दिन होनेवाले कार्यक्रमों, घटनाओं के संबंध में था, वह स्पष्टत: एक स्वतंत्र सत्ता के रूप में स्थापना और जहाँ तक संभव है, दो महीनें की अवधि पूरी होते ही हमें इस सच्चाई का सामना करना पड़ेगा—चाहे वह योजना-पूर्ति हो या पूरी होनेवाली हो।

4. इन परिस्थितियों में मेरा दृढ़ विचार है कि हमारे लिए केवल विलय समझौता, जिस पर कि पहले ही निर्णय लिया जा चुका है, को मानना श्रेयस्कर है—किसी प्रकार के अन्य प्रबंध को नहीं, यदि महामहिम की नीयत साफ और मित्रतापूर्ण है और यदि वह उसे सही रूप में कार्यान्वित करना चाहते हैं। जनता की इच्छा के अनुसार कार्य करना है तो इसमें कोई संदेह नहीं कि उन्हें बिना हिचकिचाहट के उसी रास्ते को अपनाना चाहिए जिसे अन्य रियासती राजाओं ने अपनाया। जैसा कि महामहिम को ज्ञात है, उन राज्यों में कई मुसलिम शासक भी रहे हैं, वे या उनकी प्रजा आपसे भिन्न नहीं है।

5. यदि फिर भी निजाम सरकार निर्णय लेने में, सही दिशा में सोच सकने में समर्थ नहीं है तो महामहिम को मानना चाहिए कि पूरे मामले को अपनी प्रजा के सम्मुख रख दें, जो स्वयं इस विषय पर निर्णय ले सकती है। हम अपनी ओर से जनमत के निर्णय को मानने के लिए तैयार हैं। इस प्रकार के जनमत-संग्रह में बरार को भी सम्मिलित किया जाना चाहिए।

6. एक बात और, जो काफी स्पष्ट है और किसी प्रकार के झगड़े से

परे है, वह यह कि मेरे विचार से इस प्रकरण को और अधिक लंबित नहीं किया जा सकता।

भवदीय
वल्लभभाई पटेल

एच.ई. रियर एडमिरल द विस्काउंट
माउंटबेटन ऑफ बर्मा, के.जी., पी.सी.,
जी.एम.एस.आई., जी.एम.आई.ई., जी.सी.वी.ओ., जी.सी.बी., डी.एस.ओ.,
गवर्नर जनरल ऑफ इंडिया, नई दिल्ली

53

भारत के साथ संधि की शर्तों के संबंध में निजाम द्वारा लॉर्ड माउंटबेटन को लिखा पत्र

18 सितंबर, 1947

1. अपने 8 अगस्त, 1947 के पत्र (जिसे मैं उसमें लिखी सभी शर्तों के संदर्भ में लूँगा) में मैंने भारतीय संघ से संधि की स्वीकृति दी है। उसके मुख्य प्रावधान थे—

(अ) कि मैं मानता हूँ कि हैदराबाद की विदेश नीति सामान्य रूप से भारतीय संघ राज्य के अनुसार संचालित होगी।

(ब) कि हैदराबाद भारतीय संघ की रक्षा हेतु स्वीकृत संख्या में सैनिक देगा, यद्यपि यह माना गया था कि यदि भारत व पाकिस्तान आपस में विरोधी नीति अपनाएँगे तो हैदराबाद तटस्थ रहेगा।

(स) कि न्याययुक्त प्रावधान भी सम्मिलित किया जाए, जिससे अखिल भारतीय मानदंड के आधार पर संचार व्यवस्था की सुरक्षा हो सके तथा सीधी यातायात व्यवस्था भी सुरुचिपूर्ण ढंग से हो सके।

2. संधि करने का उद्देश्य यह है कि हैदराबाद एवं भारतीय संघ के पारस्परिक हितों का ध्यान रखते हुए मेरी रियासत की एकता व स्वतंत्रता बनी रहे। मैं चाहता हूँ कि हैदराबाद एक स्वतंत्र प्रभुसत्ता-संपन्न राज्य हो, जो भारत से घनिष्ठ संबंध बनाए रखे।

3. हैदराबाद फ्रांस के आधे भाग के बराबर है जबकि इसकी जनसंख्या लगभग 1 करोड़ 70 लाख है, जो भारत की अन्य किसी रियासत से लगभग दोगुनी और कनाडा से अधिक है। यह भारत से बाहर किसी भी ब्रिटिश उपनिवेश से अधिक है। यह सात शताब्दियों से अधिक समय तक मुसलिम राज्य रहा है और दो शताब्दियों से अधिक समय तक असमिया वंश के अधीन रहा है। लेकिन यहाँ कभी भी सांप्रदायिक दंगे-फसाद नहीं हुए। वस्तुतः हुए भी तो ब्रिटिश भारत में हुए, पर सांप्रदायिक दंगों की तुलना में नगण्य ही। जहाँ ऐसा कुछ हुआ वह स्थानीय कारणों से नहीं, अपितु बाहरी प्रभाव से ही हुआ होगा। यहाँ के सभी समुदाय मेरे और मेरे पूर्व वंशजों के प्रति निष्ठा रखते रहे हैं तथा जो भी हैं वे हैदराबादी कहलाने में गौरव का अनुभव करते हैं। इन परिस्थितियों में हैदराबाद की अलग पहचान बनी रहनी चाहिए। किंतु पूर्ण विलय से कुछ कम यह सहयोग की ऐसी संधि के लिए तैयार है कि भारतीय संघ से संबंध बनाएगा, जो न केवल मित्रतापूर्ण होगा बल्कि सहयोग पूर्ण भी होगा। इससे हमारी आपसी संधि व सहयोग अधिक मजबूत हो, इसके लिए भारतीय संघ द्वारा दिए गए सुझावों का स्वागत किया जाएगा।

4. किंतु यदि हैदराबाद का भारत में विलय हुआ तो इससे उसकी स्वतंत्र पहचान लुप्त हो जाएगी, क्योंकि विलय से वह भारत का अंग बन जाएगा और भारत को अधिकार होगा कि वह राज्य-प्रशासन के लिए नियम बनाए। मैंने अपनी नीति को 14 जून, 1947 के अपने आदेश में स्पष्ट किया। मैंने स्पष्ट रूप से दोनों (भारत-पाक) से किसी भी देश में मिलने से इनकार किया था और ऐसा करने में सांप्रदायिकता के आधार पर देश-विभाजन में किसी ओर भी मिलना ठीक न था। 15 अगस्त, 1947 को राज्य के क्षेत्रों और सरकार का पूरी तरह से सांप्रदायिक आधार पर सत्ता-हस्तांतरण दुःखद था। मुझे आशंका हुई कि विलय से मेरी रियासत में फिर उसी तरह की अव्यवस्था, विनाशकारी उपद्रव और खून-खराबा होगा और मैं आश्वस्त हूँ कि अपनी प्रजा के प्रति मेरा यह कर्तव्य है कि उसे इससे बचाऊँ। मुझे विश्वास है कि मेरी कठिनाइयों को समझते हुए, मेरे राज्य की विशेष परिस्थितियों को देखते हुए आप हैदराबाद के ऊपर किसी प्रकार का दबाव नहीं पड़ने देंगे (जब सभी उत्तरदायी नेता—यू.के. और भारत के—ने मेरी स्वतंत्र इच्छा को माना है) कि किसी विशेष विकल्प को स्वीकार करूँ, जिसे गंभीरतापूर्वक विचार के बाद मुझे अस्वीकार करना पड़े।

54

हैदराबाद में गैर-मुसलमान शरणार्थियों के प्रवेश पर रोक हेतु निजाम द्वारा दिया गया आदेश

हैदराबाद
18 सितंबर, 1947

निजाम ने एक आदेश जारी किया है, जिसमें कहा गया है कि केवल मुसलमान शरणार्थी ही हैदराबाद राज्य में प्रवेश कर सकेंगे।

निजाम का प्रतिनिधिमंडल शुक्रवार को इसके संबंध में एक पत्र लॉर्ड माउंटबेटन को देने के लिए जा रहा है। पत्र में निजाम के विचार स्पष्ट किए गए हैं। उसने कहा है कि वह विलय के आधार पर समझौता करने के लिए तैयार नहीं है। वह परिणाम भुगतने के लिए तैयार है। इस विषय में यह उसका अंतिम निर्णय है।

ऐसा लगता है कि हैदराबाद का पूर्व मुख्य इंजीनियर अली नवाज जंग भी इस प्रतिनिधिमंडल का एक सदस्य है। वह कट्टरपंथी मुसलमान है, जिस पर हिंदुओं का बिलकुल विश्वास नहीं है। वह नितांत अविश्वसनीय व्यक्ति है।

55

अरवामुध* के पत्र के साथ एन. गोपालस्वामी आयंगर द्वारा सरदार पटेल को लिखा पत्र

11, फिरोजशाह रोड,
नई दिल्ली
25 सितंबर, 1947

प्रिय सरदारजी,

हैदराबाद से प्राप्त पत्रों में से एक पत्र (20 अगस्त से 25 सितंबर तक) इस पत्र के साथ संलग्न है, जो दिल्ली आने पर मुझे प्राप्त हुआ।

इनमें कुछ विशेष नहीं है।

भवदीय
एन. गोपालस्वामी आयंगर

माननीय सरदार वल्लभभाई पटेल
नई दिल्ली

---

*श्री अरवामुध आयंगर निजाम की कार्यकारी परिषद् के सदस्य थे।

56

श्री अरवामुध आयंगर द्वारा सरदार पटेल को सूचना देने हेतु गोपालस्वामी आयंगर को लिखा पत्र

25 सितंबर, 1947

प्रिय गोपालस्वामी आयंगर,

आधिकारिक रूप में, विश्वस्त सूत्रों से ज्ञात हुआ है कि महामहिम ने सर निजामत जंग तथा सर अमीन जंग (अहमद हुसैन, जो एक मद्रासी है) को समझौता करने हेतु दिल्ली जाने के लिए कहा; परंतु उन दोनों ने मना कर दिया। अतः महामहिम बहुत रुष्ट हैं। ऐसा सुना गया है कि आजकल वह बहुत ही जल्दी गुस्से में आ जाते हैं और उदास हो जाते हैं।

मुझे पता चला है कि पाकिस्तान को हैजे के 16,000 टीके भेजे गए हैं, क्योंकि वहाँ हैजा फैल गया है। परंतु कहाँ-कहाँ फैला है, यह नहीं बताया गया है। हो सकता है कि पूर्वी पाकिस्तान में हो।

हैदराबाद से आया प्रतिनिधिमंडल कल ही वापस चला गया है। मेरी सूचना के अनुसार, वे सरदार पटेल से वार्त्ता न कर सके अपितु लॉर्ड एम. से की। लगता है, लॉर्ड एम. ने उन्हें बताया कि प्रधानमंत्री सर वाल्टर मोंकटन के दृष्टिकोण को जानते हैं। ऐसा क्या है जिसे अन्य दो प्रतिनिधिमंडलों ने कहा है। ऐसा लगता है कि अली नवाज जंग प्रवक्ता था और उसने कहा कि महामहिम ने विलय को अस्वीकार कर दिया है। लॉर्ड एम. ने उनसे कहा कि क्या तुम्हें मालूम है कि इस निर्णय का कितना भयानक परिणाम होगा? इस पर नवाब ने उत्तर दिया कि उन्हें मालूम है। हैदराबाद इसके लिए पूरी तरह से

तैयार है। इसका प्रभाव दो वर्ष तक हो सकता है, किंतु उसके बाद सब सामान्य हो जाएगा; क्योंकि हैदराबाद स्वतंत्र बने रहने के लिए काफी विशाल है। तब ऐसा लगता है कि गवर्नर जनरल ने उनसे कहा कि वे पत्र छोड़ जाएँ, सरकार के निर्णय से उन्हें शीघ्र ही सूचित कर दिया जाएगा।

सरकारी तौर पर कहा गया कि राज्य की ओर से कुछ नहीं किया जाना है। अब भारतीय संघ में संबंध पुनर्स्थापित करने हैं और आगे के लिए समझौता वार्त्ता…।

सादर,

भवदीय
अरवामुध

57

हैदराबाद में यथास्थिति समझौते पर सरदार पटेल द्वारा पं. नेहरू को लिखा पत्र

नई दिल्ली
25 नवंबर, 1947

प्रिय जवाहरलाल,

हैदराबाद पर आपके 24 नवंबर, 1947[1] के पत्र के लिए धन्यवाद। आपको विदित है कि हैदराबाद पर समझौते की वार्त्ता लॉर्ड माउंटबेटन एवं वी.पी. मेनन द्वारा संचालित हो रही है। अब तक की समझौता-वार्त्ता का आधार पूर्व की तरह ही है—अर्थात् एक वर्ष के लिए यथास्थिति समझौता तथा उसपर पत्राचार। यथास्थिति समझौता[2] तथा प्रारूप-पत्र को, जिसे लॉर्ड माउंटबेटन भेजेंगे, आपने पहले ही देख और स्वीकार कर लिया है। प्रारूप में कुछ मौखिक संशोधन किए गए हैं, किंतु उनसे उसके सारांश पर कोई प्रभाव नहीं पड़ता। अपनी भेंट के समय मेनन ने प्रतिनिधिमंडल से कुछ विचार-विमर्श किया है। उन्होंने मुझसे शिष्टाचार भेंट की है और मैं समझता हूँ कि वे आपसे भी मिल चुके हैं। आपके द्वारा स्वीकृत प्रारूप में उन्होंने जो भी संशोधन प्रेषित किए, उनमें से एक भी स्वीकार नहीं किया गया है। यदि किसी तरह का

परिवर्तन होता तो मुझे विश्वास है कि मेनन आपको सूचित कर देते।

यदि आप सोचते हैं कि इस विषय पर मंत्रिमंडल में विचार किया जाना उचित होगा तो मैं इसके लिए इच्छुक हूँ और आवश्यक पत्र आज ही प्रसारित किए जा सकते हैं। प्रतिनिधिमंडल आज सायं लॉर्ड माउंटबेटन से मिलने वाला है।

भवदीय

वल्लभभाई पटेल

माननीय पं. जवाहरलाल नेहरू

प्रधानमंत्री

नई दिल्ली

---

1. नेहरू के पत्र से—"अगले दो-तीन दिनों में आप संभवत: हैदराबाद प्रतिनिधिमंडल के साथ किसी प्रकार से अंतिम निर्णय ले सकेंगे। मैं चाहूँगा कि मुझे किसी तरह सूचित किया जाता रहेगा और जो भी पत्र या मेमो का आदान-प्रदान होगा वह मुझे दिखाया जाएगा।"
2. इस पर 29-11-1947 को निजाम सरकार द्वारा हस्ताक्षर किए।

58

भारत संघ और हैदराबाद द्वारा 29 नवंबर, 1947 को हस्ताक्षरित यथास्थिति समझौता

आज 29 नवंबर, 1947 को भारत संघ और हैदराबाद के निजाम व बरार के बीच समझौता किया गया—

कि भारत संघ तथा हैदराबाद के निजाम व बरार का यह उद्देश्य एवं नीति है कि आपसी घनिष्ठ संबंध व शांति के लिए पारस्परिक हित में एक साथ एक अंतिम संधि-पत्र स्वीकार करते हैं।

और कि यह दोनों पक्षों के हित में है कि वर्तमान समझौते एवं प्रशासनिक प्रबंध क्रमश: रहेंगे।

अत: अब यह निम्नानुसार स्वीकार किए गए—

धारा 1 : जब तक इस संबंध में नए स्वीकार-पत्र नहीं बनाए जाते,

सभी समझौते तथा प्रशासनिक प्रबंध—आपसी हितों, विदेशी मामलों, रक्षा व संचार सहित जो वर्तमान में सम्राट् व निजाम के बीच 15 अगस्त, 1947 के पूर्व विद्यमान थे, जैसे ठीक हों, क्रमशः भारत संघ या उस तक सीमित तथा निजाम के बीच होंगे।

यहाँ जो कुछ लिखा गया है, उसके आधार पर किसी प्रकार का बंधन अथवा वैधानिक बंधन का संघ को अधिकार प्राप्त होगा—

(i) आंतरिक नियम व व्यवस्था बनाए रखने में निजाम की सहायता के लिए सेना भेजना।

(ii) हैदराबाद सीमा में युद्धकाल में निजाम की सलाह पर सेना रखना, जो बिना किसी उचित कारण के रोकी नहीं जाएगी—ऐसे रखे गए सैनिक हैदराबाद क्षेत्र से उपद्रव होने के 6 महीने के अंदर हटा लिये जाएँगे।

धारा 2 : भारत सरकार तथा निजाम इस स्वीकार-पत्र के उद्देश्य को उचित कार्यान्वयन हेतु क्रमशः हैदराबाद व दिल्ली में अपने प्रतिनिधि रखना स्वीकार करते हैं और उन्हें अपने कार्यों के निर्वहण में हर प्रकार की सुविधा प्रदान करेंगे।

धारा 3 : इसमें निहित कुछ भी न हमें एवं कुछ भी इसके करने में किसी एक पक्ष के अधिकार को कम करेगा, जिसे हम समझौते के अंतर्गत किसी भी पक्ष द्वारा किया जा सकता है, उसकी अवधि समाप्त होने पर।

धारा 4 : इस स्वीकार-पत्र से या प्रबंधन से किसी प्रकार का विवाद खड़ा होने पर आपसी स्वीकृति से दो मध्यस्थों को निर्णय के लिए प्रस्तुत किया जाएगा।

धारा 5 : यह स्वीकार-पत्र तुरंत लागू समझा जाएगा और एक वर्ष की अवधि के लिए लागू रहेगा।

इसको पक्का करने के लिए भारत के गवर्नर जनरल तथा हैदराबाद के निजाम व बरार ने अपने हस्ताक्षर कर दिए हैं।

59

निजाम के साथ यथास्थिति स्वीकार-पत्र पर सरदार पटेल के विचार

29 नवंबर, 1947

जब 15 अगस्त, 1947 को भारत स्वतंत्र हुआ, सभी राज्यों ने—सिवा हैदराबाद, जूनागढ़ तथा कश्मीर के, भारत सरकार व राज्यों के बीच एक समझौते के आधार पर उसमें विलय की इच्छा प्रकट की। किंतु हैदराबाद का निजाम अकड़कर बैठा रहा। वह वार्त्ता करना चाहता था, किंतु दूसरे की कोई बात मानेगा नहीं। इस प्रकार समझौता-वार्त्ता, यथास्थिति के लिए भी, जो केवल सर्वश्रेष्ठता की बात पर और विलय से कम फलीभूत हुई, यह स्थिति नवंबर 1947 के अंत तक रही। ऐसी परिस्थिति में इस प्रकार की वार्त्ता निजाम के प्रति विशेष उदारता की ही भावना थी। वह स्वतंत्र हैदराबाद का सपना पाल रहा था। तब माउंटबेटन और नेहरू सांत्वना के लिए वार्त्ता करते रहे। सरदार को इस बिगड़ते सौदे में जो भी अच्छा हाथ लग सके, जिससे भारत के हितों को हानि न हो, उसकी 29 नवंबर, 1947 को यथास्थिति समझौते पर वार्त्ता का उपसंहार स्वतंत्र भारत की संसद् के उनके भाषण में त्रुटिहीन, विशुद्ध रूप में पढ़ा जा सकता है—

सर, आपकी अनुमति से मैं एक वक्तव्य हैदराबाद सरकार के साथ समझौता-वार्त्ता के परिणामों पर तथा उस राज्य के भारत के साथ भावी संबंधों पर देना चाहता हूँ। सदन को याद होगा कि मैंने इसी सदन में यह कहा था कि यह समझौता-वार्त्ता का अंतिम चरण होगा। मुझे यह कहते हुए प्रसन्नता है कि समझौते पर अंतिम निर्णय किया जा चुका है और मैं इस समझौते की एक प्रति, जो आज प्रातः ही हस्ताक्षरित हुई है तथा साथ ही समानांतर पत्र—स्वयं जो महामहिम निजाम व महामहिम गवर्नर जनरल के बीच हुआ—उनकी प्रति भी सदन के पटल पर प्रेषित कर रहा हूँ।

जैसा कि सदन को विदित है—पिछली जुलाई में हमने राज्यों से समझौता वार्त्ता प्रारंभ की थी। भारत संघ में विलय के लिए विभिन्न राज्यों के शासकों ने विशुद्ध सहयोग की भावना का प्रदर्शन करते हुए 15 अगस्त, 1947 से पूर्व ही भारत में विलय के लिए स्वीकृति दी, केवल हैदराबाद, कश्मीर व

जूनागढ़ को छोड़कर। हमने उच्च पदस्थ निजाम के प्रतिनिधियों से भी साथ-साथ वार्त्ता की। मैं सदन को विभिन्न चरणों में हुई समझौता-वार्त्ता के विषय में विस्तार से विवरण नहीं देना चाहता। मैं केवल यह कहना चाहता हूँ कि 15 अगस्त आ गया, किंतु कोई समझौता न हो सका साथ ही उच्च अधिकारियों के बीच की वार्त्ता को निजाम भंग भी नहीं करना चाहते थे और उनके आग्रह पर हमने दो महीने की अवधि और बढ़ा दी, जिसके अंतर्गत उनकी इच्छा से समझौता पूरा किया जा सके। जब वार्त्ता पुनः आरंभ की गई तो महामहिम गवर्नर जनरल ने मंत्रिमंडल की स्वीकृति से हमारी ओर से वार्त्ता आरंभ की। उन्होंने निजाम के प्रतिनिधिमंडल से अनेक बैठकों में वार्त्ता की और लगभग एक माह पूर्व एक समझौते को अंतिम रूप दिया गया। किंतु कुछ अन्य बातों को उठाए जाने से, जिनसे सदन अवगत है कि पुराने प्रतिनिधिमंडल ने त्यागपत्र दे दिया और नया प्रतिनिधिमंडल निजाम द्वारा भेजा गया। नए प्रतिनिधिमंडल से वार्त्ता के मध्य हमने पहले से ही निर्धारित समझौते पर वार्त्ता की और अंततः जो समझौता हुआ वह पुराने प्रतिनिधिमंडल से हुए समझौते के अनुसार ही है।

> समझौते के अनुसार सभी स्वीकृत धाराएँ तथा प्रशासनिक प्रबंध, जो द्विपक्षीय हैं—जैसे पहले सम्राट् के प्रतिनिधि तथा हैदराबाद राज्य के बीच थे, केवल सर्वश्रेष्ठता के कार्य को छोड़कर—वैसे ही भारत सरकार तथा हैदराबाद राज्य के बीच एक वर्ष की अवधि के लिए मान्य होंगे।

इस सहमति और व्यवस्थापन में बहुत सारे विषय हैं। उनमें तीन विषय—रक्षा एवं विदेश नीति तथा संचार साधन—जोड़कर सभी राज्यों से समझौता हुआ है।

> मैं जानता हूँ कि माननीय सदस्यों को अधिक प्रसन्नता होगी, यदि इन वार्त्ताओं के परिणामस्वरूप निजाम ने विलय समझौते को मान लिया होता। ऐसा समझौता न केवल हमारी इच्छित भावनाओं के अनुरूप होता, अपितु दोनों ही पक्षों—भारत संघ व हैदराबाद राज्य—के हित में होता। फिर भी हमने राज्य की आंतरिक कठिनाइयों को समझते हुए अपनी नीति के अनुसार एक समझौता बिना किसी दबाव के कर लिया है; किंतु यथासंभव दोनों ओर से अधिक-से-अधिक

> सद्भावना के साथ और भारत में संपूर्ण स्थिति के साथ हमने सोचा कि इस प्रकार का एक समझौता भले ही सीमित अवधि के लिए क्यों न हो, लाभकारी होगा, बजाय इसके कि किसी प्रकार का समझौता ही न हो सके। आशा की जाती है कि यह एक वर्ष की अवधि दोनों पक्षों को अधिक निकट संबंध बनाने और स्थायी विलय के लिए मार्ग प्रशस्त कर सकेगी।

पुराने प्रतिनिधिमंडल में सर वाल्टर मोंकटन, छतारी के नवाब एवं सर सुल्तान अहमद शामिल थे। उनके द्वारा 28 अक्तूबर को त्याग-पत्र देने के पश्चात् निजाम ने एक अन्य प्रतिनिधिमंडल का गठन किया, जिसमें मोइन नवाज जंग, अब्दुर रहमान तथा पिंगले वेंकटरामा रेड्डी हैं।

समझौते में स्पष्ट है कि हैदराबाद पाकिस्तान के साथ नहीं मिलना चाहता। यदि मैं कहूँ तो केवल यही सत्य है कि हैदराबाद की स्थिति के अनुसार उसकी नियति भारत से ही बँधी हुई है।

मैं अच्छी तरह समझता हूँ कि इस सदन के माननीय सदस्य तथा साथ-ही-साथ बाहर जनता राज्य की खुशहाली के प्रति हाल के महीनों में उत्सुक रही। अब जबकि समझौता हो चुका है, मुझे विश्वास है कि उसका वर्तमान स्थिति पर पूरा प्रभाव पड़ेगा और एक लाभप्रद प्रभाव दोनों संप्रदायों पर राज्य के भीतर व बाहर दोनों ओर पड़ेगा। अतः जो कुछ भी हुआ उसे पीछे रखकर भविष्य में ऐसा वातावरण तैयार किया जाएगा कि जो लोग राज्य से पलायन कर चुके थे, वे पुनः वापस अपने घरों में आ सकें, जिससे शांति तथा सद्भावना बढ़े।

मैं आश्वस्त हूँ कि इस समझौते से मित्रता व प्रेमपूर्ण संबंध प्रगाढ़ होंगे। इसी सद्भावना से कार्य होगा। हम अपनी ओर से इसे प्राप्त करने का भरसक प्रयत्न करेंगे।

मैं संक्षेप में यह भी बताना चाहूँगा कि संवैधानिक सुधारों की ओर महामहिम निजाम का ध्यान जाएगा। इस ओर तथा अंतिम विलय के प्रश्न पर, मुझे आशा है कि वह अंततः स्वीकार कर लेंगे कि यह जनता की इच्छा है, आकांक्षा है, जो निर्णायक होगी। अन्य राज्यों में विलय की भावना स्पष्ट है और इसी सिद्धांत के आधार पर मुझे निश्चित लगता है कि महामहिम एक उदाहरण प्रस्तुत करेंगे, जिसे अन्य लोग भी अपनाएँगे।

अंत में, मैं निश्चयपूर्वक कह सकता हूँ कि मुझे सदन में अभिलेखों को रखने के लिए महामहिम गवर्नर जनरल ने लंबे समय से खिंचते इस समझौते को अंतिम रूप देने में जो योगदान किया है, वह प्रशंसनीय रहा है।

60

हैदराबाद को बाहर से अस्त्र-शस्त्रों की तस्करी रोकने के संबंध में पं. नेहरू द्वारा सरदार पटेल को लिखा पत्र

नई दिल्ली
21 जनवरी, 1948

प्रिय वल्लभभाई,

अनेक विदेशी व आंतरिक स्त्रोतों से मुझे सूचना मिलती रही है कि हैदराबाद सरकार विदेशों से अस्त्र-शस्त्र प्राप्त करने का जी-तोड़ प्रयत्न कर रही है। हमने रक्षा मंत्रालय को तथा लंदन स्थित उच्चायुक्त को सूचित कर दिया है, जिसे इस विषय में जाँच करने के लिए कहा गया है। एक रिपोर्ट, जो स्वतंत्र रूप से दो स्त्रोतों से उपलब्ध हुई, के अनुसार—हथियार गोवा के मार्ग से भेजे जा रहे हैं। बी.जी. खेर ने मुझे बताया और शिकायत की कि भारत सरकार के सीमा-शुल्क तटकर अधिकारियों ने उसे रोकने के लिए सहायता देने से मना कर दिया है। मैंने हैदराबाद में यह भी सुना है कि इन बंद बक्सों में बंदूकें भरी हैं, जो बंबई से भेजी गई हैं। ये बंदूकें हैदराबाद की बनी बताई जाती हैं।

2. हमने लंदन स्थित पुर्तगाली सरकार के राजदूत से इस प्रकार के साजो-सामान को भेजने के विरुद्ध अपनी नाराजगी व्यक्त कर दी है।

3. सूचना यह भी है कि जनरल एड्रूज* की यूरोप में गतिविधियाँ हथियार जमा करने की हैं। यह छोटी बात नहीं और संभवत: आपको इसका आभास होगा।

4. मुझे यह भी बताया गया है कि हैदराबाद राज्य अपने सैनिकों की संख्या में वृद्धि कर रहा है। मेरे विचार से यह यथास्थिति समझौते के प्रतिकूल है। मुझे लगता है कि राज्य मंत्रालय इस संबंध में कुछ कदम उठा रहा है। मैं समझता हूँ कि हमें इस मामले में चौकन्ना होकर कारस्वाई करनी चाहिए,

ताकि बातें अनावश्यक रूप से न फैलें; किंतु यदि हम चुपचाप इनको अनदेखा करते हैं तो वे और भी दृढ़ता से दूसरे आपत्तिजनक कार्य करते रहेंगे।

5. भोपाल की सेना को सैन्य सामान से सुसज्जित करने पर भी ध्यान देना होगा। उस सेना में सिर्फ भोपालवासी ही नहीं, पठान आदि भी हैं। हमें सावधानी बरतनी पड़ेगी कि उन्हें हथियार न दिए जाएँ।

भवदीय

जवाहरलाल

माननीय सरदार वल्लभभाई पटेल

---

* सईद अहमद एड्रूज—अरबवासी, द्वितीय विश्वयुद्ध के दौरान बर्मा में तैनात हैदराबाद राज्य की सेना का कमांडर-इन-चीफ।

61

हैदराबाद को हथियारों की तस्करी रोके जाने के संबंध में सरदार पटेल द्वारा पं. नेहरू को लिखा पत्र

25 जनवरी, 1948

प्रिय जवाहरलाल,

आपके 21 जनवरी के पत्र के लिए धन्यवाद। वे सभी मामले, जो आपने बताए हैं, हमारे ध्यान में रहे हैं। गोवा मार्ग से हैदराबाद को सामान का आयात समन्वय के अभाव में कुछ संभव था, अतः हमने वाणिज्य एवं परिवहन मंत्रालय से इसे रोकने के लिए कहा है। हम जहाँ तक संभव हो, सैन्य सामग्री को हैदराबाद भेजने में विलंब होने देना चाहते हैं। आपको याद होगा कि मैंने हैदराबाद समझौते के बाद आपसे कहा था कि आज की परिस्थितियों में हम किस प्रकार से हैदराबाद से निपट सकेंगे। इसका स्वाद हम पहले ही चख चुके हैं। किंतु लाइक अली यहाँ 29 तारीख को आ रहा है। आशा है कि इन प्रश्नों पर उससे बातचीत होगी।

2. जनरल एड्रूज के संबंध में मैं नहीं समझता कि वह अपनी यू.के. यात्रा के दौरान कुछ विशेष करने में सफल रहा। कुछ भी हो, हैदराबाद में इस वजह से भारी मात्रा में हथियार आयात नहीं किए गए हैं।

3. मैंने हैदराबाद व भोपाल को सेनाओं के गठन के संबंध में निर्देश देने की ठान ली है। हम उन्हें कहने वाले हैं कि हम इन बातों को ध्यान में रखेंगे कि शस्त्र व गोला-बारूद आवंटन में तथा उनकी सेनाओं के गठन में कुछ सुधार आवश्यक रूप से किए जाने चाहिए, जिससे बहुसंख्यक गैर-मुसलिम नागरिकों में विश्वास पैदा हो सके।

भवदीय

वल्लभभाई पटेल

माननीय पं. जवाहरलाल नेहरू
नई दिल्ली

62

हैदराबाद के निजाम के व्यवहार के संबंध में सरदार पटेल द्वारा सर वाल्टर मोंकटन को लिखा पत्र

नई दिल्ली
7 अप्रैल, 1948

प्रिय सर वाल्टर,

आपके 7 अप्रैल, 1948[1] के पत्र के लिए धन्यवाद। दिल्ली आने के बाद आपसे इतना शीघ्र पत्र प्राप्त होना अच्छा लगा।

मैं आपका आभारी हूँ कि आपने जिस उदारता से पिछले दिनों हुई हमारी चर्चा की बात की, जब हमने समझौता-वार्त्ता की और आपकी राय से उन्हें स्वीकार किया (एक वर्ष के लिए यथास्थिति समझौता)। आपने आशा व्यक्त की थी, जो हम सभी ने स्वीकार की थी कि इस वर्ष के अंत तक या उससे भी पहले महामहिम के इंग्लैंड जाने से पूर्व वह समझौता स्थायी आधार पर करके दोनों प्रश्न—विलय तथा उत्तरदायी सरकार—संतोषजनक ढंग से सुलझा लिये जाएँगे। जिस तरह से बातें बढ़ीं, उनसे स्पष्ट दिखाई देता है कि उस समय की आशा झुठलाई जा रही है। हमें आशा थी कि हैदराबाद के साथ हमारी मित्रता प्रगाढ़ होगी और शांति व सद्भाव बढ़ेगा। किंतु लगता है कि महामहिम निजाम और उनकी सरकार कट्टरपंथियों के संगठन[2] द्वारा संचालित हो रहे हैं, जिसे और जिसके नेताओं

में उत्तरदायित्व की भावना न के बराबर है। मैं इसके साथ आपको कासिम रिजवी के भाषण की कतरन भेज रहा हूँ, जो 31 मार्च, 1948 को दिया गया था। मैं आपके विवेक पर इसे छोड़ता हूँ कि यह शांति का संदेश है या तलवार की धार का। ऐसा लगता है कि उसका महामहिम और उनकी सरकार पर गहरा प्रभाव है कि उसे अपनी कुटिल गतिविधियों को संचालित करने की खुली छूट है। उसकी इस प्रशासनिक घोषणा तथा महामहिम की सरकार की उसपर तथा उसके संगठन पर नियंत्रण करने में असमर्थता से मैं पूर्ण ईमानदारी के साथ आपसे जानना चाहता हूँ कि क्या इस दशा में आप शांतिपूर्ण, उदार एवं सद्भावनापूर्ण संबंध बनाए जा सकते हैं। वस्तुत: ऐसा लगता है कि भाषण के प्रत्येक शब्द में स्पष्ट धमकी दी जा रही है। ये धमकियाँ महामहिम की सरकार के लिए नहीं हैं, क्योंकि ऐसा लगता नहीं है; किंतु भारतीय संघ को यह युद्ध व हिंसा के लिए उकसानेवाली बात है। आप स्वयं निर्णय ले सकते हैं कि ऐसी धमकियों पर हमारी प्रतिक्रिया क्या होगी।

ईश्वर की कृपा से मैं अब स्वस्थ हूँ और अपने कर्तव्यों का पालन करने में सक्षम हूँ। डॉक्टरों ने कुछ दिन और विश्राम करने का परामर्श दिया है। मैं उनके निर्देशों का पालन कर रहा हूँ।

सादर,

भवदीय
वल्लभभाई पटेल

सर वाल्टर मोंकटन
निजाम राजमहल,
नई दिल्ली

---

1. वाल्टर मोंकटन के पत्र से—"मुझे लिखना चाहिए कि मैं किस सीमा तक ईमानदारी से यह सोचता हूँ कि आप पुणे में स्वास्थ्य-लाभ करें और एक अल्प विश्राम के बाद पुन: अपने दैनिक कार्य सँभाल लेंगे।
2. इत्तिहाद-उल-मुसलमीन।

63

हैदराबाद में किसी प्रकार के सांप्रदायिक आरक्षण के विरुद्ध सरदार पटेल द्वारा पं. नेहरू को लिखा पत्र

(सरदार पटेल द्वारा नेहरू के नाम देहरादून से 4 जून, 1948 को दिल्ली भेजे गए पत्र के अंश)

2. जहाँ तक हैदराबाद का संबंध है तो जो कुछ शंकर ने आयंगर से कहा वह मेरी ही आंतरिक भावना है। मैं समझता हूँ और बहुत ही उचित लगता है कि हमें हैदराबाद में कुछ नहीं करना चाहिए, चाहे वह उसकी आंतरिक संवैधानिक समस्याएँ हों अथवा उसका विलय, जिसे हम अपने ही मन से दुनिया के सामने तथा अपने ही लोगों को उचित न ठहरा सकें। सांप्रदायिक आरक्षण के विरुद्ध युद्ध का तथा हाल ही में सभी राजनीतिक मामलों में असांप्रदायिकता का मार्ग अपनाकर हम और कुछ नहीं केवल उसका विरोध कर सकते हैं और मानने से इनकार कर सकते हैं कि युद्धरत अल्पसंख्यकों को किसी प्रकार की छूट के रूप में सांप्रदायिक आरक्षण न हो। मैं अल्पसंख्यकों को सज्जनता व उदारतापूर्वक छूट की अनुमति दे सकता हूँ, जिससे उनमें आत्मविश्वास व सुरक्षा की भावना पैदा हो; किंतु यह मेरी आत्मा के विपरीत है कि पिस्तौल की नोक पर या युद्धरत संगठन के किसी दबाव में आकर दुराचार को होने दूँ। मुझे नहीं मालूम कि पहले कभी, किसी भी परिस्थिति में सांप्रदायिकता के आधार पर तुलनात्मक रूप से पक्षपात किया गया हो। किसी भी प्रकार से मैं नहीं समझता कि जो हमारे अधिकार में ही नहीं है, उसे हम कैसे दे सकते हैं। इस संबंध में किसी भी प्रकार की छूट केवल हैदराबाद की संवैधानिक सभा ही कर सकती है या अधिक-से-अधिक, जो हम इस परिस्थिति में कर सकते हैं, यह कि समुदाय के महत्त्व को आँक सकते हैं और उसे आश्वस्त कर सकते हैं कि हम अपने प्रभाव का उपयोग न्यायप्रियता के आधार पर करेंगे। हमने यह सामान्य सिद्धांत स्वीकार किया है कि सभी राज्यों में जनता की इच्छा ही निर्णायक होगी और हमें उसी पर दृढ़ रहना चाहिए।

64

हैदराबाद के विरुद्ध तत्काल कठोर काररवाई करने हेतु सरदार पटेल द्वारा पं. नेहरू को लिखा पत्र

जून 1948

प्रिय जवाहरलाल,

मुझे आपका लंबा पत्र मिला, जिसमें आपने अन्य बातों के बीच हैदराबाद के संबंध में विस्तार से लिखा है। वी.पी. भी मेरे पास आया था और लाइक अली व मोंकटन के साथ हुई समझौता-वार्त्ता के अब तक के प्रयासों के विषय में बताया। बिना हिचकिचाहट के कहना होगा कि मुझे गहरी निराशा हुई है कि हैदराबाद के इतने सारे प्रतिनिधिमंडलों से इतना अधिक निरर्थक विचार-विमर्श हुआ! हम फिर भी सोचते हैं कि स्वीकृति हेतु कोई फॉर्मूला तैयार करें (व्यावहारिक रूप से कोई अंतर नहीं पड़ता कि फॉर्मूला महामहिम तैयार करें या वी.पी.)।

2. हमने अपनी ओर से शांतिपूर्वक उपायों से जो कुछ भी हो सकता था, सहयोग की भावना से किया। इसी भावना के आधार पर हम एक वर्ष के लिए 'यथास्थिति समझौता' कर सके। तब हम समझ रहे थे कि एक वर्ष के भीतर दोनों समस्याएँ—विलय तथा उत्तरदायी सरकार—संतोषजनक ढंग से सुलझाई जा सकेंगी; किंतु जैसाकि हम जानते हैं, जब समझौता-वार्त्ता भी चल रही थी तब हैदराबाद सरकार उस समझौते की भावना के विपरीत कार्य कर रही थी। उन्होंने अपने प्रभुत्व व स्वतंत्रता की बात को कभी नहीं छोड़ा। यद्यपि हम सबको भली-भाँति मालूम भी है कि उस नितांत सुबोधगम्य समझौते को पढ़ने से विदित होगा कि ये दोनों तत्त्व यथास्थिति समझौते से हटा लिये गए हैं। उन्होंने एक युद्ध-प्रेरित संगठन तैयार कर लिया है, जो अपनी गतिविधियों में अत्यंत फासिस्ट व क्रूर है और जो विधि व व्यवस्था के लिए चुनौती है—न केवल हैदराबाद में अपितु आस-पड़ोस के भारतीय संघ राज्य से लगे क्षेत्रों के लिए भी ये हमारे सीमावर्ती क्षेत्रों में अनेक अत्याचार व दुष्कर्म करते आ रहे हैं। हैदराबाद सरकार सदैव इसे मानने से इनकार करती रही है या बहुत कम करके आँकती है। वह संगठन सत्ता में है और अपनी मनमानी करता है। इन सबके होते हुए मैं बहुत गंभीरता से सोचता हूँ कि वह क्षण आ गया है

बँटवारे जैसी बुराई को केवल इस शर्त पर माना कि उसे सर्वदलीय सहयोग प्राप्त था। वह सहयोग प्रतिज्ञाबद्ध था और प्राप्त भी हुआ। सभी दलों का यही समझौता था, जिसने भारतीय स्वतंत्रता अधिनियम को पारित करने में आश्वस्त किया, जिसका ब्रिटिश संसद् में दूसरा कोई समानांतर उदाहरण नहीं है। हमने सोचा कि चर्चिल एक सम्माननीय व्यक्ति हैं और समझौते में निहित वैधानिक अड़चनों को मानेंगे, किंतु वह इसे मानने में बहुत ही कठिनाई अनुभव करते हैं कि भारत अब एक स्वतंत्र व स्वावलंबी देश है।

यदि उनके दिल की गहराइयों तक बैठे अविचारपूर्ण, पक्षपाती एवं मध्यकालीन मस्तिष्क का साक्ष्य चाहिए तो इतना ही दिखाना पर्याप्त होगा कि जहाँ वह कश्मीर को 4/5 मुसलिम बाहुल्य बताते हैं वहीं हैदराबाद को 4/5 हिंदू बाहुल्य कहना भूल गए। जो अठारहवीं शताब्दी में रचा गया था, जो निजाम की रियासत है, सहसा चर्चिल के शब्दों के जादू से एक 'प्राचीन राज्य' बन गया। वस्तुस्थिति यह है कि श्री चर्चिल के वक्तव्यों को पलटकर देखा जाए तो चाहे वह शेर की भाँति दहाड़ते हैं या कबूतर की तरह गुटरगूँ करते हैं, वह उनकी अनभिज्ञता और अंध-अविचार ही लगता है, जिसे मुख्यत: समझा जाना चाहिए। हम भली-भाँति समझ सकते हैं कि ब्रिटिश जनता ने श्री चर्चिल को पद छोड़ने के लिए विवश कर अपने को कितने भारी संकट से बचा लिया है। हमने सोचा था कि जीवन के उत्कर्ष की घड़ी में जनता द्वारा सहसा धूल चटाने जैसे कार्य ने उन्हें अत्यधिक उदार एवं बुद्धिमान् बना दिया होगा; परंतु लगता है कि अपने पूर्वज स्टुअर्ट के सुविख्यात गुणों को न सीखना ही श्री चर्चिल ने विरासत में पाया है।

श्री चर्चिल ने नौ महीने पहले हुए दंगों में भारी संख्या में हुई दु:खद हत्याओं के विषय में आत्मसंतोष के लिए ही संभवत: लिखा है, किंतु निश्चय ही इस बात को मानने से उनके उद्देश्य की पूर्ति नहीं होती थी कि भारत ने उसके बाद शांतिपूर्ण ढंग से तीव्र गति योग्यता और कार्य-कुशलता के साथ जिस प्रकार की व्यवस्था करने में सफलता पाई, उससे सभी आश्चर्यचकित रह गए। जबकि हममें से कोई भी उन दु:खद घटनाओं के लिए अपनी संलिप्तता से इनकार नहीं करेगा और निश्चय ही उन दुर्घटनाओं ने भारत को लज्जित व अपमानित किया है। किंतु अंतिम विश्लेषण के अनुसार यह कहा जा सकता है कि दोष 'भागीदारी तोड़ो और राज करो' की चर्चिल की सुनियोजित नीति और उनके अनुयायियों, एजेंटों एवं भारत में रह रहे उनकी सोचवाले यूरोपियनों

द्वारा उसपर अमल करनेवालों का है। भारत के हाल के इतिहास को समझनेवाला कोई भी बौद्धिक व्यक्ति इस बात को स्पष्टत: समझ सकता है कि भारत का विभाजन जनता की भावनाओं और इच्छा के अनुसार, उनके द्वारा निर्वाचित प्रतिनिधियों को स्वीकार कर हैदराबाद व भारत के बीच भौगोलिक, आर्थिक एवं अन्य प्रभावी तत्त्वों के संबंधों को समझे और उनके अपरिहार्य परिणामों को स्वीकार करे।

किंतु जब भारत के हितों को हानि पहुँचाने के लिए इस प्रजातांत्रिक युग में इतिहास से सीख न लेकर, प्रजातंत्र की शिक्षा को न समझकर ऐसे शासन को चलाने में सहायक होंगे जो उन्हीं क्षणों में अभी भी जी रहे हैं जिनमें इनका प्रादुर्भाव हुआ था। अत: यदि निजाम के भाग्य को विनाशकारी तत्त्व पीछे छोड़ जाते हैं तो इसका उत्तरदायित्व भारत पर नहीं, अन्य किसी पर होगा।

मुझे यह जानकर प्रसन्नता हुई कि महामहिम की सरकार श्री चर्चिल के इन षड्यंत्रों के चंगुल में नहीं फँसी है और हैदराबाद समस्या को अन्यथा न लेकर भारत का आंतरिक मामला माना है। अत: मैं टोरी पार्टी के सभी सदस्यों से आग्रह करता हूँ कि अपने नेताओं के पुराने विचारों का साथ न दें अपितु भारत के साथ सद्भावना व मित्रतापूर्ण भावना के साथ आगे बढ़ें, जो भारत के साथ-साथ स्वयं ब्रिटेन के भी हित में है तथा उन्होंने भारत को सत्ता सौंपने का जो साहस दिखाया उसे और अधिक प्रगाढ़ होने में सहायक हों। यह केवल शुद्ध भावना से ही संभव है, किसी प्रकार के दुर्विचार एवं श्री चर्चिल की ईर्ष्या भावना से नहीं कि स्थायी मित्रतापूर्ण संबंध ब्रिटिश राष्ट्रमंडल के सदस्य देशों के बीच बनें।

---

1. जब जापान भारत की पूर्वी सीमा पर दस्तक दे रहा था तो श्री विंस्टन चर्चिल ने सर स्टैफोर्ड क्रिप्स को मार्च 1942 में भारत भेजा। ब्रिटिश घोषणा-पत्र में कहा गया—भारत के मामलों में जापान के आगे बढ़ने से जो संकट आया है, ब्रिटेन की इच्छा है कि भारत की हर शक्ति एकजुट होकर आक्रमणकारियों से अपनी सीमाओं की रक्षा करे।
2. जून 1945 के इस सम्मेलन के अवसर पर लॉर्ड वैवेल ने कांग्रेस अध्यक्ष को वचन दिया है कि कोई भी पार्टी जान-बूझकर सम्मेलन को नहीं छोड़ेगी। किंतु आश्चर्यजनक है कि लॉर्ड वैवेल ने मि. जिन्ना को अप्रत्यक्ष रूप से सम्मेलन में बाधा डालने की अनुमति दी। तब यह जोर-शोर से कहा गया कि यह समाचार ह्वाइट हॉल से आया कि मि. जिन्ना को अप्रसन्न या रुष्ट न किया जाए और इसी कारण वायसराय को अपने वचन के विरुद्ध जाने पर शिमला कॉन्फ्रेंस को असफलता मिली।

3. युद्ध के बाद ब्रिटिश आम चुनाव में लेबर पार्टी को शानदार सफलता मिली। श्री एटली प्रधानमंत्री बने। भारत में इसपर प्रसन्नता व्यक्त की गई तथा कांग्रेस अध्यक्ष मौलाना आजाद ने इसे पुराने विचारों को त्यागने (ब्रिटेन की ओर से) तथा नए विश्व को स्वीकार करने का कार्य बताया।
4. दक्षिण अफ्रीका।

67

हैदराबाद की निजाम सरकार के भारत-विरोधी प्रचार करने पर के.एम. मुंशी द्वारा सरदार पटेल को लिखा पत्र

बोलारम,
हैदराबाद (दक्कन)
30 जून, 1948

प्रिय सरदार,

यहाँ की स्थिति तेजी से बिगड़ती जा रही है। निजाम सरकार ने पूर्ण रूप से हमसे संबंध तोड़ने का निर्णय ले लिया है तथा एक स्वतंत्र सरकार के रूप में काम करना शुरू कर दिया है।

1. कुछ दिन पूर्व उन्होंने अपने राजनीतिक व संवैधानिक विभागों को एकीकृत कर लिया तथा विदेश मामलों से संबंधित एक सचिवालय स्थापित कर लिया। दिल्ली से निजाम के प्रतिनिधि जनरल यूसुफ यार जंग को वापस बुलाकर उसे संवैधानिक गतिविधियों का भार सौंपा गया है, जो निजाम की नवीनतम घोषणा के अनुसार कार्य करेगा। विचार यह किया जा रहा है कि यथाशीघ्र निजाम सरकार को संयुक्त राष्ट्र संघ की दृष्टि में एक प्रजातांत्रिक सरकार के रूप में प्रस्तुत करने के लिए संवैधानिक परिवर्तन किए जाएँ।

2. अली यार जंग, छतारी मंत्रिमंडल का सदस्य तथा संवैधानिक विशेषज्ञ, जो निजाम की सेवा से वंचित हो चुका था, से निजाम ने दो बार बुलाकर भेंट की, जिसमें एक बार उसके साथ मोइन नवाज जंग था। एक रिपोर्ट के अनुसार, उसे अमेरिका भेजकर संयुक्त राष्ट्र संघ से संपर्क करने के लिए कहा जाएगा।

3. रजाकारों ने अपने संगठन को सेना के अनुरूप पुनर्गठित कर लिया है। एक ए.आर.पी. संगठन स्थापित किया गया है और रजाकारों को ए.आर.पी.

में भरती किया जा रहा है। हाल ही में प्राप्त कुछ हथियार भी उन्हें दिए गए हैं। मुझे आश्चर्य नहीं होगा, यदि शीघ्र ही यह रजाकार संगठन राज्य सेना के अंग के रूप में संगठित किया जाए।

4. परसों ही मंत्रिमंडल की बैठक में एक महत्त्वपूर्ण मामले पर निर्णय लिया गया कि जो लोग राज्य को छोड़कर बाहर चले गए हैं, उनकी भूमि व संपत्ति को मुसलिम शरणार्थियों को दे दिया जाए। साथ ही यह भी रिपोर्ट मिली है कि रजाकारों ने जिले के नगरों में मध्य वर्गीय लोगों को तंग करने के लिए उनपर किए जानेवाले अत्याचारों में वृद्धि कर दी है। उनकी महिलाओं से छेड़छाड़ व बलात्कार भी होने लगे हैं, जिससे वे राज्य छोड़ने को विवश हो जाएँ।

5. दिन-रात भाषणों, रेडियो, समाचार-पत्रों, नाटकों आदि से भारत के विरुद्ध दुष्प्रचार किया जा रहा है। जिसका सार यह है कि भारत में मुसलिम महिलाओं व बच्चों पर हिंदू अत्याचार कर रहे हैं। साथ ही रजवी शासक के रूप में काम कर रहा है। रजाकारों द्वारा मुक्तकंठ से गाया जा रहा है—'उस्मान के कदमों पे दुश्मन को झुका देंगे', जिसे कुछ रजाकारों ने बदलकर गाया—'रजवी के कदमों में नेहरू को झुका देंगे।' कभी-कभी पंडितजी के नाम की जगह आपके नाम को भी लिया जाता है। सबसे अधिक हैरान करनेवाली जो बात है, वह यह कि पुलिस भी इसी प्रकार के प्रयाण-गीत गाने लगी है।

6. हथियारों की खेपें हवाई जहाजों से बराबर आ रही हैं। परसों ही एक हैलिफैक्स आदिलाबाद हवाई अड्डे पर उतरा है। सुना है कि वह गोवा से आया। यदि हथियारों की आवक पर एक महीने के अंदर कारगर कदम नहीं उठाए गए तो उनकी सेना पर्याप्त रूप से हथियारों से सुसज्जित हो जाएगी। यदि समझौते को यथास्थिति बरकरार समझा गया तो उपहास में इन दोनों शर्तों—विदेश रक्षा मामलों के संबंध में—को तोड़ना होगा, जिन्हें केवल खोखला समझा जाएगा।

7. ऐसा लगता है कि राज्य के भीतरी भागों में रजाकारों के विरुद्ध कुछ हिंसक गतिविधियाँ बढ़ रही हैं, क्योंकि रिपोर्ट है कि गत तीन दिनों से अस्पताल में अच्छी-खासी संख्या में घायल रजाकार आते जा रहे हैं। मुझे पंडितजी का नवीनतम नोट 25 जून को प्राप्त हुआ और मैं सोचता हूँ कि कुछ कठोर काररवाई होगी। मद्रास सीमा अत्यंत कमजोर है। मद्रास सरकार ने अपनी पूर्व प्रवृत्ति त्याग दी है। मद्रास के प्रधानमंत्री से आपका व्यक्तिगत हस्तक्षेप

आवश्यक है। मैंने श्री बक* (Buch) को सुझाव दिया है कि हम दोनों आपके निर्देशों से मद्रास जाकर चीजों को निश्चित करें।

8. हवाई सेवाएँ अब बंद की जाएँगी और मैं आपसे डाक या सिग्नल से वार्त्ता करूँगा। मुझे आशा है कि आर्थिक प्रतिबंधों पर एक रिपोर्ट कल आपको भेजूँगा।

सादर,

भवदीय
के.एम. मुंशी

माननीय सरदार वल्लभभाई पटेल
शिविर : देहरादून

---

* एन.एम. बक—आई.सी.एस.—राज्य मंत्रालय के एक वरिष्ठ अधिकारी।

68

भंसाली द्वारा सरदार पटेल को लिखा पत्र

चिमूर
7 सितंबर, 1948

आदरणीय सरदारजी,

मेरा अनशन सरकार के विरुद्ध नहीं था। जब़ सड़क पर एक व्यक्ति दूसरे को मारने के लिए दौड़ता है या किसी महिला का शील-हरण करने का दुराचार करता है तो प्रत्येक व्यक्ति का कर्तव्य है कि वह उसे रोके। इसी नीति को मानते हुए मैंने अनशन किया था। मैं रजाकारों के अत्याचारों को न देख सका।

मैंने राजाजी* का पत्र मिलने पर अपना अनशन तोड़ा। वह सरकार के विरुद्ध बिलकुल नहीं था। उससे तो केवल मनुष्य के कर्तव्य का भान होता है।

ईश्वर ने हैदराबाद को एक अच्छा पाठ पढ़ाया है। जब सीता व द्रौपदी पर संकट आया था तो रावण व कौरवों को मारा गया था। मैं कुछ नहीं तो यह कह सकता हूँ कि अब आप अपनी पकड़ ढीली न होने दें। मेरी विनीत राय है कि निजाम के साथ नम्रता के व्यवहार से हमें हानि ही होगी। उसके

राज्य में जो अत्याचार होते हैं, वे तैमूर, चंगेज खाँ तथा नादिरशाह को भी पीछे छोड़ देने वाले हैं।

मैं स्वस्थ हूँ। आजकल मैं किसी गाँव में जाना चाहता हूँ। चिमूर के निकट और आस-पास के दस-पंद्रह गाँवों में सेवा-कार्य करना चाहता हूँ।

भवदीय
भंसाली

सरदार वल्लभभाई पटेल
नई दिल्ली

---

* राजगोपालाचारी तब भारत के गवर्नर जनरल थे। उनके हस्तक्षेप से ही भंसाली ने 28 फरवरी, 1948 को अपना अनशन समाप्त किया।

69

पाकिस्तान में भारत के विरुद्ध घृणा फैलाने के संदर्भ में सरदार पटेल द्वारा सुहरावर्दी को लिखा पत्र

28 सितंबर, 1948

प्रिय सुहरावर्दी,

आपके 21 सितंबर, 1948 के पत्र के लिए धन्यवाद। आपने हैदराबाद के विषय में जो लिखा, उसे पढ़कर मैं अति प्रसन्न हुआ। हैदराबाद के प्रश्न पर कश्मीर से नितांत भिन्न भारतीय मुसलमानों के खुलेआम हमारे पक्ष में आने से निश्चय ही देश पर अच्छा प्रभाव पड़ा है। हैदराबाद में हमारी सफलता से सांप्रदायिक क्षेत्र में संभावित अनिष्ट का अंत हो गया है। इसी तरह कश्मीर में भी शांति व प्रेम के साथ भारत के मुसलिम व गैर-मुसलिम का भेद मिटा दें।

2. जहाँ तक पाकिस्तान का संबंध है, मैं वहाँ पर होनेवाली घटनाओं को बड़ी बारीकी से देख रहा हूँ और मुझे खेद है कि मुसलिम लीग ने जिस तरह सांप्रदायिक घृणा का विष भारत में फैलाया था उसी तरह अब दोगुने जोश के साथ पाकिस्तान में भी फैलाया जा रहा है। मैं नहीं जानता कि आपको पश्चिमी पाकिस्तान के पिछले तीन महीनों के उर्दू समाचार-पत्र पढ़ने का अवसर मिला

या नहीं। हर प्रकार के मिथ्या एवं झूठे विचार उर्दू समाचार-पत्रों में प्रकाशित हो रहे हैं तथा सांप्रदायिक दंगों एवं अशांतिपूर्ण भ्रांतियों को बढ़ा-चढ़ाकर प्रचारित किया जा रहा है कि भारत में मुसलिमों का संहार किया जा रहा है। छिटपुट घटनाओं को तूल देकर अतिशयोक्तिपूर्ण बनाकर प्रचारित व प्रसारित किया जा रहा है। ऐसा लगता है कि पाकिस्तान सरकार इन बातों को रोकने में या तो अनिच्छुक है या अयोग्य। इसीलिए यह भारत को बदनाम करने की एक सुविचारित योजना है, जिससे लोगों का ध्यान घरेलू समस्याओं से हटकर भारत को काल्पनिक शत्रु मानने पर केंद्रित हो जाए।

इसी समय पाकिस्तान के प्रधानमंत्री भारत की ओर मित्रता का हाथ बढ़ा रहे हैं, यह जताने के लिए कि हाथ बढ़ाने में पाकिस्तान अकेला था। मैं नहीं जानता कि हम पाकिस्तान के नेताओं को किस प्रकार प्रभावित कर सकते हैं। आप अपने अनुभव के आधार पर कराची और पूर्वी बंगाल से स्पष्ट कहें कि कोई विरोध सहन नहीं किया जाएगा।

भवदीय

वल्लभभाई पटेल

सुहरावर्दी

70

हैदराबाद में चल रही वामपंथी गतिविधियों पर सरदार पटेल के विचार

7 अप्रैल, 1949

उप-प्रधानमंत्री सरदार पटेल ने संसद् में कहा कि हैदराबाद में त्रामपंथी गतिविधियों के कारण बिगड़े हालात अब नियंत्रण में हैं। उन्होंने श्री आर.के. सिधवा को बताया कि वामपंथियों की संख्या का अंदाजा लगाना मुश्किल है।

राज्य में अब तक गिरफ्तार हुए वामपंथियों की संख्या 4 हजार के लगभग है। बाकी बचे लोगों में कुछ भाग चुके हैं और कुछ छिप गए हैं।

श्री सिधवा : क्या यह सच है कि वारंगल और हैदराबाद से सटे अन्य जिलों में हुए दंगे और हत्याओं की घटनाएँ वामपंथी गतिविधियों के कारण ही हुई हैं?

सरदार पटेल : स्थिति गंभीर थी, लेकिन जनवरी 1949 से हालात तेजी

से सामान्य हो रहे हैं।

सरदार पटेल ने श्री एच.वी. कामत के जवाब में कहा कि इसमें कोई संदेह नहीं है कि पुलिस काररवाई के दौरान वामपंथी और रजाकार एकजुट थे।

71

हैदराबाद के 'स्वतंत्रता' डाक टिकट नष्ट करने के संबंध में संसद् में सरदार पटेल द्वारा दी गई सूचना

12 अगस्त, 1950

राज्यों के मंत्री सरदार पटेल ने संसद् में इस बात का खुलासा किया कि हैदराबाद के 'स्वतंत्रता' वाले 64 लाख डाक टिकटों की छपाई ब्रिटिश शासन की लापरवाही के कारण हुई है और अब उन्हें नष्ट किया जा रहा है।

श्री राज कँवर ने पूछा कि क्या यह सच है कि ब्रिटिश साम्राज्य के पतन के बाद हैदराबाद के निजाम या हैदराबाद सरकार ने राज्य की स्वाधीनता के लिए बहुत बड़ी संख्या में डाक टिकटें छपवाई थीं।

सरदार पटेल ने जवाब दिया कि हाँ और साथ ही यह भी कहा कि डाक टिकटों को अब नष्ट किया जा रहा है।

श्री राज कँवर : ऐसे डाक टिकटों की संख्या कितनी थी?

सरदार पटेल : चार पाई, आठ पाई, एक आना और दो आने की सभी टिकटें मिलाकर 64 लाख टिकटें थीं।

श्री ए.बी. गुरुंग को जवाब देते हुए सरदार पटेल ने कहा कि भारत की अनुसूचित जनजातियों की सूची तैयार की जा रही है और शीघ्र ही राष्ट्रपतिजी को उसकी प्रति भेज दी जाएगी।

श्री डी. संजीवैया के सवाल का जवाब देते हुए सरदार पटेल ने कहा कि सरकार संविधान के प्रारूप में पिछड़ी जातियों की स्थिति की जाँच-पड़ताल के लिए आयोग की नियुक्ति करने के बारे में फिलहाल कोई विचार नहीं कर रही है। उन्होंने आगे कहा कि आयोग के द्वारा सामान्य जानकारी एकत्रित करने के बाद वह इस विषय पर बात करेंगे।

☐

कश्मीर और हैदराबाद

तीन वर्ष से कुछ अधिक की अवधि, जिसमें सरदार पटेल उप-प्रधानमंत्री रहे, वह उनकी अनेक उपलब्धियों के लिए जानी जाती है; किंतु उनकी सर्वाधिक महत्त्वपूर्ण उपलब्धि थी—भारतीय रिसायतों को एकसूत्र में पिरोना। यानी 500 से अधिक पृथक् अस्तित्ववाले छोटे-बड़े रजवाड़ों को एक साथ मिलाकर एक राजनीतिक पहचान बनाना। वह भारत की समृद्धि व महानता के संदर्भ में एक महान् कार्य था। भारत की राजनीतिक एकता को ठोस धरातल पर खड़ा करने में सरदार पटेल की बौद्धिक कुशलता आज प्रासंगिक है। अपनी इच्छाशक्ति के बल पर लौहपुरुष सरदार पटेल, जो जुलाई 1947 में राज्यों के मंत्री बने, ने 560 से अधिक रियासतों—जो समस्त भारतीय संघ के एक-तिहाई क्षेत्र में फैली हुई थीं—के जटिल प्रश्न को अपने बुद्धि-चातुर्य से हल करके अपने लौह हाथों से एकीकृत करने का महान् कार्य किया। उन्होंने अपने मधुर व्यवहार और मीठी बातों से राजाओं को आकर्षित कर भारत में विलय हेतु तैयार किया। और जहाँ आवश्यक समझा, डराया-धमकाया तथा दो वर्ष की अल्पावधि में ही भारत के सभी रजवाड़ों को एकसूत्र में पिरोकर, राजनीतिक व सांस्कृतिक रूप से मुख्य धारा में जोड़कर भारत के मानचित्र को बिलकुल नया रूप दिया। यह वास्तव में विस्मयजनक है कि सरदार पटेल ने राजाओं का सबकुछ छीन लिया, उसे कभी भी किसी प्रकार से अन्याय नहीं माना गया। सन् 1950 में निक्रिता ख्रुश्चेव, जो सोवियत संघ के प्रमुख सचिव के रूप में अपने प्रधानमंत्री निकोलाइ बुल्गानिन के साथ भारत-भ्रमण पर आया, ने सरदार की राजनीतिक सूझ-बूझ की सराहना करते हुए उन्हें जर्मनी को एकसूत्र में बाँधनेवाले

विस्मार्क से भी अधिक निपुण बताते हुए कहा, ''आप विलक्षण राजनीतिज्ञ हैं। आपने राजाओं को समाप्त किए बिना ही रजवाड़ों का भारत में विलय कर लिया।''

सरदार पटेल की प्रतिभा का बखान करते हुए लॉर्ड माउंटबेटन, जो स्वतंत्र भारत के पहले और अंतिम ब्रिटिश गवर्नर जनरल थे, ने जून 1948 में कहा था, ''निस्संदेह, सरदार की अब तक की महत्त्वपूर्ण उपलब्धि है—राज्यों को एकसूत्र में बाँधकर भारतीय संघ में एकीकृत करना। यदि वे इस कार्य में असफल हो जाते तो उसका परिणाम बड़ा विनाशकारी होता, किंतु आज जो कुछ है, सबके सामने है।'' उन्होंने आगे कहा, ''किसी ने भी आपके व आपके निष्ठावान् वी.पी. मेनन के चमत्कार से उत्पन्न इस कृतित्व को पर्याप्त रूप में और यथेष्ट स्वीकृति नहीं दी। वर्तमान सरकार को इससे अधिक सम्मान नहीं दिया गया जिस प्रकार से आपने राज्यों के साथ विलक्षण नीति अपनाई।''

सरदार पटेल जानते थे कि यदि सभी 565 रियासतें भारतीय संघ में सम्मिलित हो जाएँ तो कुछ सीमा तक पाकिस्तान में गए भूभाग की हानि को पूरा किया जा सकता है। पटेल द्वारा राजकुमारों के साथ पारस्परिक प्रेम-संबंधों को बढ़ाने का प्रयास मई से ही आरंभ हो चुका था। उन्होंने सभी शासकों या उनके दीवानों को 1, औरंगजेब रोड पर आमंत्रित किया। इस प्रकार उन्होंने जोधपुर, जो पाकिस्तान की सीमा से लगा एक हिंदू राज्य था और जिसे जिन्ना ने मनचाही सुविधाएँ प्रदान करने के लिए वचन दिया था तथा नवानगर के जाम साहेब, जो पटेल के विरोधी थे, को अपने पक्ष में किया। एक समय जाम साहेब अन्य रियासतों के साथ पाकिस्तान में विलय के पक्ष में अधिक था। उसका तर्क था कि जिन्ना हमारे अस्तित्व को यथावत् रखने के लिए तैयार थे, किंतु नेहरू ने राजाओं के अस्तित्व को भारत में ही यथावत् रखना चाहा। सरदार पटेल ने विजय प्राप्त करने के अपने ही ढंग से जाम साहेब को पिछली बातें भूलने को कहा। उनके बीच प्रेम व मित्रता की भावना बढ़ती गई। जाम साहेब, जो राजाओं के संगठन के प्रधान थे, ने सरदार को वचन दिया कि वे सभी राजाओं को मिलाने का प्रयास करेंगे। जाम साहेब ने बाद में रियासतों को जोड़ने तथा राजाओं की समिति के साथ समझौता कराने में विशेष योगदान किया। पं. नेहरू ने भारतीय रियासतों में राजशाही पद्धति को बनाए रखने का विरोध नहीं किया।

राजाओं को भारतीय संघ में मिलाने के लिए पुनः आश्वस्त तथा प्रोत्साहित करने के लिए जुलाई 1947 में पटेल ने एक नीति संबंधी वक्तव्य दिया—"हम राज्यों से कुछ अधिक नहीं माँग कर रहे हैं—केवल तीन विषय, रक्षा, विदेशी मामले एवं संचार साधन—जिनमें संपूर्ण देश का हित निहित है। उन्होंने आगे आश्वासन दिया कि इन तीन विषयों के अतिरिक्त भारत सरकार नैतिक सतर्कता से उनकी स्वाधीनता का सत्कार करेगी। उन्होंने आगे कहा कि यह देश यहाँ के निवासियों का, उनकी वंश-परंपरा के गौरव का सम्मान करती है। यह तो संयोग है कि कुछ लोग राज्यों में हैं और कुछ ब्रिटिश भारत में। हमें कोई भी टुकड़ों में नहीं बाँट सकता। इसलिए मैं सुझाव देता हूँ कि आपस में मित्रों की भाँति मिल-बैठकर अपने लिए नियम-कानून बनाएँ, न कि विदेशियों की तरह संधियाँ।"

"मैं अपने मित्र राज्यों के शासकों व प्रजाजनों को मैत्रीपूर्ण भावना के साथ संविधान सभा परिषद् में आमंत्रित करता हूँ।" सरदार ने लॉर्ड माउंटबेटन से भी राजाओं को मनाने में सहायता माँगी।

शासकों व उनके मंत्रिगणों, जो सरदार के आवास पर एकत्र थे, को संबोधित करके माउंटबेटन ने कहा, "सैद्धांतिक रूप से राज्य किसी भी देश (भारत व पाकिस्तान) में जुड़ने के लिए स्वतंत्र हैं; किंतु क्या मैं कह सकता हूँ कि कुछ भौगोलिक विवशताएँ हैं, जिन्हें अमान्य नहीं किया जा सकता। 565 रियासतों में से अधिकतर भौगोलिक दृष्टि से भारत से संलग्न हैं।"

"मुझे विश्वास है कि आप लोग मानेंगे कि तीन विषय (विलय संबंधी) आपकी सुविधा व लाभ के लिए बड़े सुखद हैं। इन तीन विषयों पर समझौते का प्रारूप राज्यों के बिना किसी आर्थिक उत्तरदायित्व के है।"

लॉर्ड माउंटबेटन ने राज्यों से निवेदन किया कि 15 अगस्त से पूर्व विलय कर लें, क्योंकि सत्ता हस्तांतरण का समय निकट है। सरदार दोनों—शासक व प्रजामंडल अथवा राज्य कांग्रेस के नेताओं—के संपर्क में थे। उस समय वे राज्यों की सरकारों से मधुर संबंध बनाने में रुचि ले रहे थे। उनके अनुसार, सत्ता (साम्राज्य/प्रभुत्व) लोगों के पास होनी चाहिए।

"आज के विश्व में उनके अनुसार कोई भी व्यक्ति इस बात में विश्वास नहीं करता है कि सत्ता किसी एक व्यक्ति के पास रहे, चाहे वह राजकुमार हो, राजा हो या तानाशाह।" फिर भी उन्होंने राजाओं से विद्रोह की भावना छोड़कर जो भी शक्ति उन्हें दी जाएँ, उन्हें स्वीकार करने का आह्वान किया।

ग्वालियर ने सर्वप्रथम विलय की सहमति दी, बड़ौदा ने इसपर सबसे पहले हस्ताक्षर किए। सरदार पटेल के सचिव वी.पी. मेनन ने राष्ट्रभक्ति के प्रश्न पर महाराजा बीकानेर तथा महाराजा पटियाला को श्रेय दिया। मेनन ने भारत के इतिहास के तीन तटों—मराठा, राजपूत तथा सिख—को सन् 1947 में अनेक शताब्दियों के बाद पहली बार भारत को एक संवैधानिक इतिहास के अंतर्गत ला खड़ा किया।

15 अगस्त, 1947 तक जूनागढ़, हैदराबाद व कश्मीर को छोड़ सभी छोटे-बड़े राज्य भारतीय संघ में सम्मिलित हो चुके थे। काठियावाड़ में जूनागढ़ की 80 प्रतिशत जनसंख्या हिंदू थी और सोमनाथ का प्रसिद्ध मंदिर इसी राज्य में था; किंतु उसका शासक एक मुसलमान था। आरंभिक दिनों में उसने पाकिस्तान के कहने पर पहले से जिन्ना की सलाह के अनुसार कड़ा विरोध किया, जिससे न केवल जूनागढ़ के लोगों में आंदोलन भड़का अपितु काठियावाड़, जो ब्रिटिश सत्ता समाप्त होने पर पहले ही भारत में मिल चुका था, अन्य शासकों व राज्यों की जनता में भी आंदोलन खड़े होने लगे। फिर भी जूनागढ़ के नवाब ने काठियावाड़ के छोटे रजवाड़ों पर अपना आधिपत्य जताना चाहा और इस उद्देश्य से वहाँ अपनी सेनाएँ भेज दीं। भारत सरकार ने नवाब के इस आक्रमण को रोकने के लिए अपनी सेना भेज दी। नवाब राज्य की बागडोर दीवान को सौंपकर कराची भाग गया और दीवान ने रियासत को भारत में मिला लिया। फरवरी 1948 में जनमत-संग्रह कराया गया तो सारी जनता भारत के पक्ष में थी, अतः जूनागढ़ को सौराष्ट्र राज्य में मिला लिया गया। सरदार पटेल की कुशल व ठोस काररवाई से जूनागढ़ का भारतीय संघ में विलय हो गया। शेष दो बड़ी व विवादित रियासतों—जम्मू व कश्मीर तथा हैदराबाद—पर इस पुस्तक में विस्तार से विचार किया गया है। उचित समय पर हैदराबाद के साथ शांति वार्त्ता के हर संभव प्रयास के असफल होने पर अंत में सेना के माध्यम से उसे भारत में मिला लिया गया; किंतु जम्मू-कश्मीर, जिसे उसके अधिकार क्षेत्र से बाहर रखा गया था, वह कुछ न कर सके।

सरदार पटेल ने छोटे राज्यों को पड़ोसी प्रांत/प्रदेशों में मिला लिया। छोटे-छोटे रजवाड़ों को बड़ी इकाइयों में ढालकर जनता को पर्याप्त संसाधन, सामाजिक सेवाएँ, संचार व्यवस्था व आधुनिक सुविधाएँ दी गईं, जो अन्यथा छोटे राज्य होने से उपलब्ध न होतीं। इसी प्रकार काठियावाड़ सौराष्ट्र राज्य बना। काठियावाड़ में तीन प्रतिष्ठित राज्य थे—नवानगर, गोंडल और जूनागढ़,

107 सीमित वैध अधिकार क्षेत्रवाले राज्य तथा 329 बिना वैध अधिकारवाले राज्य व तालुके, जो कुल मिलाकर 449 इकाइयाँ थीं। राजनीतिक विभाजनों के कारण आर्थिक विलय संभव नहीं था तथा न्याय व्यवस्था बनाए रखना भी कठिन होता था। इसके साथ ही उसने राजस्थान संघ, ग्वालियर संघ, इंदौर तथा मध्य भारत के 23 अन्य राज्य—जो मध्य भारत में थे; पेप्सु संघ, जिसमें पटियाला व पूर्वी पंजाब की रियासतें थीं; तीन राज्य—दुजान, लोहाम तथा पटौदी; दक्षिण के आठ राज्य, जिन्होंने दक्षिण राज्य संगठन बना लिया था; बनारस, रामपुर तथा टेहरी-गढ़वाल को संयुक्त प्रदेश में मिला लिया गया। पश्चिम बंगाल में कूच बिहार तथा बंबई में बड़ौदा व कोल्हापुर को मिला लिया गया।

जहाँ विशेष कारणों से सीधे केंद्रीय प्रशासन विद्यमान था, भागलपुर, त्रिपुरा (अराज्य), भोपाल (अब मध्य प्रदेश की राजधानी), शिमला के आस-पास का क्षेत्र, जिसे पहले पंजाब का पहाड़ी प्रदेश कहा जाता था (अब हिमाचल प्रदेश) पर भारत सरकार का सीधा प्रशासनिक अधिकार था। राज्यों के क्षेत्र परस्पर मिलकर पक्के प्रखंडों के रूप में संघ बनाकर कार्यकारिणी व न्यायपालिकाएँ गठित की गईं। (सौराष्ट्र, त्रावणकोर-कोचीन, मध्य भारत, पटियाला व पूर्वी पंजाब राज्य संघ तथा राजस्थान आदि) राज्यों से पृथक् जो किसी प्रकार से संयुक्त न होते, किंतु सरदार पटेल की चतुराई से शीघ्र ही तीव्र गति से विलय द्वारा, हठधर्मिता से एकीकृत किया गया। जैसा कि सरदार पटेल के मुख्य सचिव वी.पी. मेनन ने लिखा—"सरदार द्वारा शासकों को एक साथ लाना बहुत बड़ा कारण था, जिससे विलय की नीति सफल रही। शासकों को विश्वास हो गया कि भारत के राजनीतिक संघ में स्थायी शक्ति है—और जो उनसे उचित व्यवहार कर सकता है। इसके साथ ही लौह पुरुष की कीर्ति और शासकों के प्रति उनकी विनयशीलता ने उन्हें सबका मित्र व विश्वस्त बना दिया था। इस प्रकार का विश्वासपूर्ण वातावरण बन चुका था कि उन सभी ने बिना किसी आपत्ति के उनकी राय मान ली। यह उनकी राजनीतिक एवं प्रशासनिक कुशलता तथा दूरदृष्टि थी, जो तोड़-फोड़, विघटन व विप्लवकारी शक्तियों पर प्रभावी होने में सहायक बनी।

सरदार पटेल ने त्वरित गति से एकीकृत भारत के निर्माण में राज्यों के शासकों को पूरा श्रेय दिया—"मैं भारत के लगभग एक-तिहाई क्षेत्र में इस प्रकार की रक्तहीन क्रांति का पूरा श्रेय शासकों को देता हूँ। जिस प्रकार से

शासकों ने इसमें अपना पूर्ण सहयोग दिया, उसके लिए मेरे पास केवल प्रशंसा व सराहना ही है। मेरे अतिरिक्त इसे अन्य कोई अधिक नहीं समझ सकता कि यह सब उनके सक्रिय सहयोग, असीम देशभक्ति के बिना संभव नहीं था। वह देशभक्ति, जो उनमें छिपी हुई थी और अब पूरी तरह से प्रस्फुटित हो चुकी है और स्वतंत्रता-प्राप्ति के साथ पूरी तरह से विकसित हो चुकी है।'' उन्होंने आगे कहा, ''500 से अधिक रियासतों के शासकों को अपने कर्तव्य का भान हो चुका था, जिससे वे मातृभूमि के प्रति श्रद्धा के कारण बिना किसी दबाव के भारतीय संघ में शामिल हो गए। उन राज्यों के शासकों ने इसलिए स्वयं अपनी इच्छा से भारत की एकता के लिए अपने हितों का बलिदान प्रसन्नतापूर्वक स्वीकार किया, जिससे भारत एक महान् व शक्तिशाली राष्ट्र बन सके।''

उन्होंने शासकों की इस भावना की सराहना की और उन राज्यों की जनता से रजवाड़ों की समाप्ति पर किसी प्रकार का आंदोलन न करने का आह्वान किया।

राजाओं से सद्‌भावना बनाए रखने के लिए उन्होंने उन्हें उदारतापूर्वक निश्चित धनराशि देने का आश्वासन दिया, जिससे वे अपने स्तर के अनुसार जीवन-यापन कर सकें। इस राशि को संविधान सभा द्वारा स्वीकृति दी जाएगी और इसे निरंतर दिया जाता रहेगा। यद्यपि नेहरू ने निरंतरता के प्रश्न पर विरोध किया। सरदार पटेल ने इसपर अधिक हठ किया। उन्होंने इस बिंदु पर पं. नेहरू को सन् 1949 में अपनी रुग्णशय्या से एक पत्र लिखा—

''हमने उनके साथ एक पावन समझौता स्वीकृत किया है—उदार राशि प्रदान करने का। मैं नहीं समझता कि हम इस व्यवस्था को भविष्य की संसदों के निर्णय पर छोड़ सकते हैं। ये एक प्रकार के शपथ-पत्र हैं, जिन्हें भारत की जनता की ओर से राज्य के सर्वोच्च पदासीन व्यक्ति के हस्ताक्षरों से तथा केंद्रीय मंत्रिमंडल की स्वीकृति के बाद किया गया। यह हमारा नैतिक दायित्व है कि आज और भविष्य में इसका पूरा सम्मान किया जाय।'' किंतु दुर्भाग्य से इन प्रिवीपर्स को कालांतर में तत्कालीन प्रधानमंत्री श्रीमती इंदिरा गांधी द्वारा समाप्त कर दिया गया था।

□□□

संपादकद्वय का परिचय

डॉ. पी.एन. चोपड़ा भारत के प्रसिद्ध इतिहासकारों में से एक थे। वह शिक्षा मंत्रालय में 'इंडियन गजेटियर्स' तथा 'हू इज हू ऑफ इंडियन मार्टर्स' और भारतीय ऐतिहासिक अनुसंधान परिषद् की परियोजना 'टुवर्ड्स फ्रीडम' के प्रधान संपादक रहे। इसके अतिरिक्त उन्होंने भारतीय इतिहास और संस्कृति पर पचास से अधिक पुस्तकें लिखीं, जिनमें 'हिस्ट्री ऑफ साउथ इंडिया', 'सम ऐस्पेक्ट्स ऑफ सोसाइटी एंड कल्चर अंडर मुगल्स', 'इंडिया : ऐन एन्साइक्लोपीडिक सर्वे', 'ए कल्चरल एन्साइक्लोपीडिया ऑफ एशिया', 'रिलीजंस एंड कम्युनिटीज ऑफ इंडिया' तथा 'सोशल, कल्चरल एंड इकोनॉमिक हिस्ट्री ऑफ इंडिया' आदि प्रमुख हैं।

2 मई, 2004 को देहावसान।

डॉ. प्रभा चोपड़ा दिल्ली प्रशासन में 'दिल्ली गजेटियर्स' की संपादिका और भारतीय सामाजिक विज्ञान अनुसंधान परिषद् की वरिष्ठ अध्येता रह चुकी हैं। उन्होंने 'देहली : इट्स हिस्ट्री एंड प्लेसेज ऑफ इंटेरेस्ट', 'गजेटियर ऑफ देहली', 'पेनोरमा ऑफ इंडियन कल्चर' और 'कल्चरल हेरिटेज ऑफ तिब्बत', 'स्टोरी ऑफ सरदार पटेल', 'कोट्स ऑफ सरदार पटेल' सहित कई पुस्तकें लिखी हैं।